Horst Lichter
Genießen erlaubt!

Die gute alte Küche neu entdeckt

Horst Lichter
Genießen erlaubt!

Die gute alte Küche neu entdeckt

nicolai

Inhalt

Die Abkürzungen in den Rezepten bedeuten:

Bd.	Bund
Bl.	Blatt
EL	Esslöffel
Fl.	Flasche
l	Liter
Msp.	Messerspitze
Pk.	Päckchen
Pr.	Prise
TL	Teelöffel
Tr.	Tropfen
St.	Stück
TK	Tiefkühlkost

SC SC
Max Schmeling · Erinnerungen
Charles W. Thayer · Bären im Kaviar
Maugham
Der Enkel

Lohmühle Wickrath
10. Internationale Oldtimer-Rallye
MSC Wickrath 25. April 1999
10. OLDTIMER-RALLYE MÖNCHENGLADBACH
MSC Wickrath 1930 e.V. i. ADAC
IN MEMORIAM
HORST-PETER DAHMEN
25. April 1999
113
HDI
OLDTIMER-VERSICHERUNG
Vielen Dank

KRIBA
IDEEN IN KUNSTSTOFF
ist prima !
Ferrari
Ehren-Urkunde
HORST

Die Oldiethek lebt und steckt voller Geschichten

Fünf Jahre sind vergangen, seitdem die erste Auflage meines Kochbuchs „Genießen erlaubt" erschienen ist. Als der Nicolai Verlag mich jetzt bat, ein Vorwort für die Neuausgabe zu schreiben, fragte mich meine Lektorin, wie lange es die Oldiethek schon gebe. Ja, wie lange existiert mein Kunst-Kitsch-Krempel-Antiquitäten-Trödel-Restaurant eigentlich schon?

Manchmal denke ich, es gibt die Oldiethek schon immer, und alles hier in meinem Laden war immer so, wie es mir jetzt begegnet. Und manchmal denke ich, ich bin erst 28 Jahre alt und fange gerade erst an, meinem Leben von Grund auf eine andere Richtung zu geben. Als wäre es erst gestern gewesen, dass ich begann, meinen großen Traum zu verwirklichen. Es mag sentimental klingen, aber Momente tiefer Zufriedenheit empfinde ich immer dann, wenn ich ganz alleine durch meine Oldiethek gehe. Wenn ich die vielen schönen und alten Dinge sehe, die mich umgeben. Dann möchte ich mich am liebsten nie mehr von ihnen trennen und mich auch nicht für eine kürzere Zeit von ihnen entfernen. Das ist übrigens auch der Grund, warum ich nicht gerne in Urlaub fahre. Ja, ich gestehe, Urlaub ist für mich ein notwendiges Übel, um meinem Körper eine Schonfrist zu gewähren. Denn alles, was eine Trennung von meinem Laden bedeutet, ist für mich Verzicht. Es ist wie bei einer Diät: Sie ist gesund, sie muss manchmal sein, aber keiner macht sie gerne.

Eigentlich ist das Schönste am Urlaub die Rückkehr in meinen Laden, denn hier bin ich ganz bei mir und fühle mich wie ein kleiner Junge in seinem Kinderzimmer. Ich nehme Dinge in die Hand, räume um und sortiere Neues ein. Und dann, wenn abends das Restaurant öffnet, kommen meine Freunde in mein Spielzimmer und bestaunen meine neuen Sachen. Aber sind sie wirklich neu oder stehen sie nur an einer anderen Stelle? Letztlich ist das egal, denn alle sind mir ans Herz gewachsen und viele erzählen eine eigene Geschichte. Wie das alte Fahrrad ohne Vorderreifen, mit dem eines Tages eine ältere Dame in meiner Oldiethek auftauchte. Es sei nicht sehr wertvoll, sagte sie entschuldigend, aber sie wolle auf keinen Fall, dass ihre Enkel es auf den Sperrmüll werfen. Für sie selbst habe es eine ganz besondere Bedeutung. Es sei nämlich genau das Fahrrad, mit dem ihr verstorbener Mann aus französischer Kriegsgefangenschaft heimkam, und dann habe er, als sie sich überglücklich in den Armen lagen, um ihre Hand angehalten. Welch großartige Ge-

schichte. Ich bin richtig stolz, dass das Fahrrad zu mir gekommen und jetzt Teil der Oldiethek ist. Wenn man die Geschichte kennt, besitzt das alte Vehikel einen unermesslichen Wert. Aber es ist kein materieller, sondern ein ideeller Wert.
Ganz anders die vielbändige Brockhaus Enzyklopädie von 1894, die mir ebenfalls eine ältere Dame schenkte. Von ihrer Großmutter gekauft und von ihrer Mutter durch die Wirren des Ersten Weltkriegs gerettet, hatte sie selbst das wertvolle Werk während des Zweiten Weltkriegs unter einem Kohlenvorrat versteckt. Ihren Kindern habe sie die Bücher nicht geben wollen, weil die in einen unschönen Streit darüber geraten waren, wer sie nach ihrem Tod erben solle. Ihre Enkel dagegen hatten sich ausschließlich dafür interessiert, welchen Geldwert das Lexikon habe. So steht es nun in der Oldiethek, und jeder, der möchte, kann in den Bänden blättern und lesen – fast wie in einer Bibliothek.

So kommen immer wieder neue Schätze hinzu. Altes wird umgeräumt und durch die neue Anordnung erhält das Ganze einen anderen Charakter. Die Oldiethek lebt, sie ist wie ein Organismus. Und wenn ich manchmal durch mein Erinnerungs- und Geschichten-Museum gehe, denke ich, dass ich ihr Herz bin. Und das soll auch noch viele Jahre so bleiben. Denn solange mein Herz schlägt, wird auch das der Oldiethek schlagen.
Jetzt bleibt mir nur noch, Ihnen, liebe Leserinnen und Leser, viel Spaß und viele leckere Stunden mit der Neuausgabe meines Kochbuchs zu wünschen.

Ihr

Rommerskirchen-Butzheim 2006

16.-18.8.1991
Nürburgring
ADAC
Sportwagen-
Weltmeisterschaft
PEUGEOT
PEUGEOT
NÜRBURGRING
6./7. April '85
ADAC 300
Interserie Coupé d' Europe
ADAC

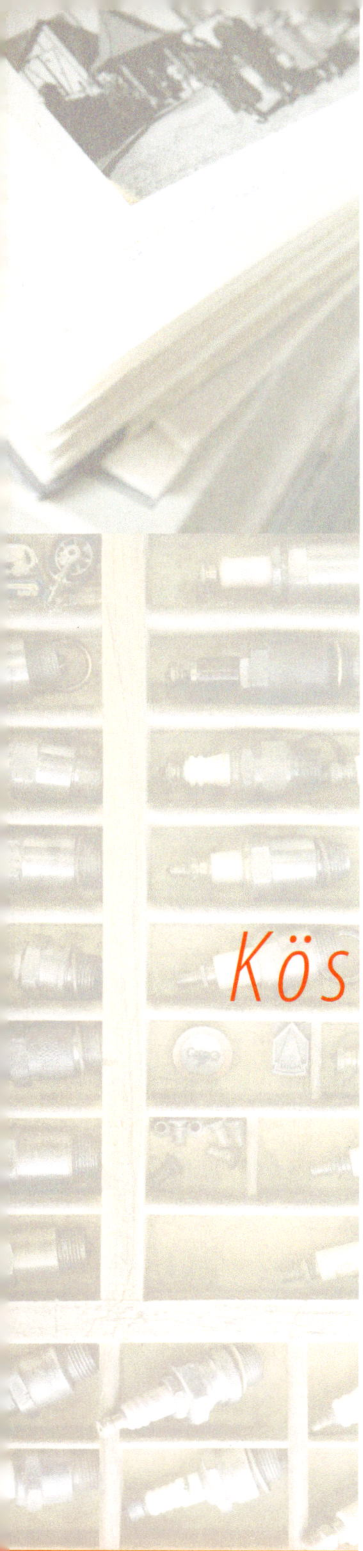

Köstlichkeiten und Kuriositäten

Der Gast, der zum ersten Mal den Fuß in meine Oldiethek setzt, staunt nicht schlecht, denn er steht in einem hallenartigen Raum, bis an die Decke gefüllt mit Antiquitäten, Kuriositäten, Trödel und alten Rennwagen. Aber trotzdem, er ist hier richtig. Ich habe eben eine Passion für alles Alte und Althergebrachte. Ich liebe diese Sachen einfach, weil sie eine Geschichte haben. Mit dieser Halle habe ich zwei Dinge zusammengebracht, die meinen Lebenstraum ausmachen: Das Sammeln von alten Dingen und ein Restaurant, wo ich genauso kochen kann, wie es mir und meinen Gästen gefällt.

Ich weiß, wenn jeder so denken würde wie ich, käme unsere Wirtschaft in Schwierigkeiten. Keiner würde sich mehr etwas Neues kaufen.

Koch und Sammler

Früher war die Küche bei uns in der Familie der Lebensmittelpunkt. Hier kam man zusammen, ob in der Familie oder mit Freunden, aß und trank, erzählte sich Neuigkeiten und besprach Probleme. Meine Mutter kochte mit dem, was unser Garten hergab. Außerdem hatten wir Kaninchenställe und hielten unsere Hühner und Gänse selber. Das hat mich geprägt. Noch heute kaufe ich nicht in Großmärkten ein, sondern koche mit regionalen Produkten. Das heißt tatsächlich für mich: einkaufen beim Metzger und Bauern vor Ort.

Auch meine Vorliebe für alte Dinge hat sich schon sehr früh ausgeprägt, zum Leidwesen meiner Eltern. Ich kann mich noch sehr gut an mein erstes nagelneues Fahrrad erinnern. Meine Eltern hatten es sich vom Munde abgespart; mein Vater war nach seiner Arbeit bei Rheinbraun noch auf dem Bau arbeiten gegangen, um mir dieses Geschenk machen zu können. Das neue Gefährt kam, stahlblau, mit Spiegel. Sehr schick. Ich fuhr los und kam nach ein paar Stunden überglücklich nach Hause, denn ich hatte mein Fahrrad eintauschen können gegen einen uralten Klepper mit Ballonrädern. Danach waren ganz viele Leute unglücklich: ich, weil ich das alte Fahrrad wieder hergeben musste, mein Tauschpartner, weil er sein altes wieder zurücknehmen musste, und meine Eltern, weil sie mich nicht verstehen konnten und gekränkt waren.

Nach einer Kochlehre und einigen Jahren Arbeit bei Rheinbraun kam ich an einen Wendepunkt in meinem Leben, an dem ich mich fragte: Wo steuere ich hin? Die Illusionen bezüglich des Berufs Koch waren mir auf den verschiedenen Stationen meiner Kochlehre genommen worden. Das Kochen war gestückelt in verschiedene Posten der Küche, Kommunikation gab es vor allem durch Geschrei und nicht, indem man miteinander sprach, es herrschte ein unwahrscheinlicher Stress. Lob kam nie in die Küche, nur Kritik erreicht die Köche. Träume der Kindheit hatten mit der Realität nichts zu tun. Ich war unglücklich. Nach meinem »Branchenwechsel« zu Rheinbraun kam mit 26 Jahren der erste Gehirnschlag. In der Rehabilitations-Therapie habe ich zum ersten Mal im Leben Zeit zum Denken gehabt. Dort bin ich mir über meinen Lebenstraum klar geworden: eine kleine Welt schaffen, wo man sich trifft, wo man sich kennt, wo man miteinander spricht und wo man sich wohl fühlt. Mit der Oldiethek bin ich auf dem besten Weg dahin. Zwei ältere Damen, denen ich davon erzählte, waren spontan begeis-

»Ich liebe alte Sachen, weil sie eine Geschichte haben, die haben was erlebt.«

tert und sagten: »Jung, wenne datt mal hast, sach Bescheid, dann kommen wir helfen!«
Aber es war erst der zweite Gehirnschlag, der mir mit 28 Jahren deutlich vor Augen führte: Wenn du jetzt nicht dein Leben änderst, dann schaffst du das nie mehr. Dann fand ich durch Zufall den geeigneten Ort – eine alte Tanzhalle in der Weltstadt Rommerskirchen-Butzheim. Ich hatte kein Geld für die Miete, keine Finanzierung für den Umbau. Mit altem Sperrgut habe ich den Bau begonnen und alles mit Hilfe von einigen wenigen Freunden und trotz Höhenangst selbst umgebaut und restauriert.
Meine Umgebung reagierte mit höchstem Erstaunen: »Himmel, der arme Teufel hat was zurück behalten, jetzt dreht er durch.«
Dennoch, unbeirrbar habe ich meinen Traum umgesetzt.

Ich und mein Ofen – die Gründungsmitglieder

Möbel vom Sperrgut und ein alter flämischer Ofen waren mein Startkapital. Da stand ich dann und wartete auf meine Gäste – die nicht kamen. Um sie anzuziehen, warf ich nachmittags Zucker auf die Herdplatte, so duftete es köstlich nach Karamell und süßen Pfannkuchen. Abends tat ich das Gleiche mit Speck, und der Geruch von herzhaften Pfannkuchen durchzog die Halle. Langsam kamen auch die Gäste – und sie sind tatsächlich geblieben!

Alte Rezepte auf Lichter-Art

Schon meine Pfannkuchen habe ich so serviert, wie ich auch heute noch koche: authentisch, geschmackvoll und reichlich. Obstpfannkuchen sind bei mir mit zehn Sorten Obst belegt, manchmal acht Zentimeter dick und im Ofen fertig gebacken. Durch die Holzkohle bekommen sie einen leicht geräucherten Geschmack. Sicher hat meine Kindheit und Jugend meine Art zu kochen sehr beeinflusst. Meine Rezepte stammen zum einen aus meiner Lehrzeit und den Restaurants, in denen noch wirklich gekocht wurde, zum anderen von meiner Mutter, die eine sehr gute Köchin war und einfach immer alles ausprobiert hat. Darüber hinaus musste ich durch meinen alten flämischen Kohleofen lernen, so zu kochen, wie man früher gekocht hat. Deshalb habe ich auch keine modernen Pfannen, keine modernen Küchengeräte. Meine Welt soll stimmig sein. Ich komme so zu ganz neuen Geschmackserlebnissen, habe plötzlich Aha-Erlebnisse: So sollte dieses Gericht eigentlich schmecken!
Ich möchte, dass meine Gäste wieder entdecken, wie unglaublich lecker es sein kann, wenn mit richtiger Butter gekocht oder eine Suppe mit Ei abgebunden wird. Das sollte man sich ab und zu gönnen. Man muss nicht mit veredelten Produkten kochen, sie sollten relativ natürlich wachsen – so weit das heute noch möglich ist.

Im Kohlblattbett angerichtet

Zum Dekorieren verwende ich am liebsten Produkte, mit denen ich auch koche. Weißkohl, Rotkohl, Chinakohlblätter sind ideal. In ihren großen Blättern kann man einzelne Gemüsesorten direkt aus dem Topf oder der Pfanne anrichten. Natürlich, praktisch – und preiswert.
Gleiches gilt für meine Salate. Schön ist ein Salat für mich nur so, wie er gewachsen ist. Das heißt, ich belasse die Blätter und das Gemüse am Stück, rupfe nichts in Fetzen oder hacke es in übersichtliche Portiönchen. Ich nenne das meinen Ikea-Salat – man kann ihn sich selber zusammenbauen. Jeder mag den Salat ein wenig anders – Salat wie ein großes, buntes Blumenbeet.

Meine Devise: Einfach ausprobieren

Meine Rezepte muss keiner exakt nachkochen, sie sind eine Anregung. Ich selber ändere immer wieder meine eigenen Rezepte. Ich gehe einkau-

»Mehr ist besser, bei mir soll keiner weggehen und sagen: Das war aber übersichtlich.«

»Ich will wieder zurück zu den Ursprüngen, wo man in der Küche das gekocht hat, was im Garten und im Wald wuchs.«

fen und lasse mich von meinem Appetit leiten. Wenn ich Appetit auf einen Apfel habe, kaufe ich einen Apfel, dazu vielleicht Blumenkohl, Dill, Zitronenmelisse, Schweinefilet und Blätterteig. Der Apfel passt eigentlich nicht zu den anderen Zutaten. Aber dann versuche ich einmal eine fruchtige Sauce mit frischen Kräutern – und siehe da, es passt hervorragend.
Meine Freunde, Nachbarn und Gäste frage ich immer wieder: »Sach ma, watt isst Du denn so richtig gern? Watt haste denn in deiner Kindheit so richtig gerne gegessen?« Und davon lasse ich mich dann inspirieren.

Küchen-Dogmen gibt's bei mir nicht

Ein Küchen-Dogma ist für mich nur eine Mode. Ein Trend kommt und geht und wird immer zwangsweise bald wieder out sein. Ich unterwerfe mich keinem Trend. Auch wenn morgen alle die Pfifferlinge nur mit einer weißen Sauce essen – ich mache sie so, wie es mir schmeckt. Und das rate ich auch jedem anderen, der gerne kocht. Bodenständige Küche ist eine Grundlage, auf der alles aufbaut, und selbst die, die Trends machen wollen, müssen diese Grundlage kennen.

Erlaubt ist, was schmeckt!

Wer entscheidet überhaupt, was ein »vollkommener Genuss« ist? Doch derjenige, der genießt! Wenn jemand für sein Leben gerne Cola trinkt, und für ihn besteht der vollkommene Genuss darin, ein traumhaftes, mit viel Liebe zubereitetes Menü mit einer kühlen Cola zu veredeln, dann hat er seinen persönlichen Genuss gefunden. Ich sage ihm nicht: »Das darfst du nicht, das passt nicht, dazu muss man einen 53er Medoc trinken.« Dieser Gast würde mir antworten: »Das Essen war lecker, aber der Wein … isch wesett nitt, da kann ich mich nitt dran jewöhne.«

Altes Geschirr und schräge Tischdekorationen

Eine edle und stimmige Tischdekoration finde ich sehr schön und feierlich. Aber mal ehrlich, die meisten sitzen verunsichert an einem solchen Tisch. Man ist nicht immer locker und entspannt. Für mich ist wichtiger, dass nicht alles perfekt aussieht. Da liegt Omas Rosentischdecke unter dem Teller mit Mühlenmotiv, der wiederum flankiert wird von altem Besteck ungewisser Herkunft und ganz sicher aus unterschiedlichen Kollektionen. Der Mensch fühlt sich in einer nicht perfekten Umgebung am wohlsten. Das gibt Gesprächsstoff, sieht lustig aus und weckt Erinnerungen. Viele meiner Gäste sind mittlerweile dazu übergegangen, mir immer mal wieder ein altes Stück mitzubringen: Einen Servierteller, eine aussortierte Tischdecke und natürlich alte Kännchen, mein Lieblingsutensil in der Küche.
Neugierig geworden? Dann lade ich Sie zu einem Rundgang durch meine Oldiethek ein!

Lichters Oldiethek

15

Eckardt
Kaffee Hag
2001

POTSDAM
S C
SCUDERIA COLONIA

FERRARI

EL
ACHER
ORLD CHAMPION
REGAL
ZONOPHONE

HERCULES
Ultra
INTERN. DMV-RHEIN-POKAL-RENNEN
UM DIE JOCHEN-RINDT-TROPHÄE
11. Juni 1972
Start 10 Uhr
MOTODROM HOCKENHEIM
1000 MIGLIA

Racing Bar
Henkel
Viersen 1985
19
Hannen Alt
Seine Waschkraft macht ihn so ergiebig
47
NÜRBURGRING
Ausweis-Karte
für 10 Personenfahrten über den Nürburgring
50 JAHRE!
OMO
NÜRBURGRING

Dino's
Racing Bar
Lichter's Helles

KRIBA
IDEEN IN KUNSTSTOFF
ist prima !
Lecker
mit Lichter
NRW am Mittag
Ehren-Urkunde
EHREN URKUNDE
Ehren-Urkunde
HORST

ferrari
PLACE FOR
THE RACE
1000 MIGLIA
VETERANENRALLYE
UNTERFELDHAUS
Persil
Persil
Bosch

OLD RIP
TOBACCO
Concours d' Elégance
19 95
BUGA-OLDTIMER-RALLYE
REVUE
24.4.
84
VEITH
PIRELLI
Kaltenberg
14
Kaltenberg
19 St. Ottilien 93

THE CHILDREN'S OWN TREASURE BOOK
CHILDREN'S ANNUAL
CONTINENTAL
TRATTORIA SAN LEO
Fischer
Messe
PETER BR
100
10
LAST TARGET SCORES LIT
GOAL VALUE
GOAL EXTRA BALL SPECIAL
„Cybele o. D."
Altonaer Museum, Hamburg

Lichters Vorspeisen

ICH
KOCHE
FÜR
DICH

Großer Salatteller

Zutaten für 4-6 Personen

3 EL Balsamico-Essig
75 ml Olivenöl
2 TL süßer Senf mit Honig
50 g durchwachsener Speck
1 rote Zwiebel
3 große Champignons
1 Apfel
frische Kräuter nach Belieben
Salz, Zucker, Pfeffer

Ein guter Salat darf für mich nicht klein gehackt, in Stücke gerissen und in Sauce ertrinkend serviert werden. Am liebsten belasse ich alles so, wie ich es auch – je nach Saison – auf dem Markt gefunden habe. Das Gemüse wird lediglich gut geputzt und gewaschen, der Salat vorsichtig auseinander genommen und die Früchte so vorbereitet, dass sich keiner beim Essen die Finger verrenkt. Dann richte ich alles zusammen auf einem Teller an, von dem sich jeder bedienen kann, um seinen eigenen Salat zusammenzustellen.

Salatdressing

Ein gutes Dressing macht Grünzeug erst zum Salat, denn es gibt quasi das Thema vor. Gerne serviere ich zwei verschiedene Dressings, bei denen sich dann jeder nach Geschmack bedienen kann. Erst das eine, dann das andere oder auch beide zusammen! Eines meiner Lieblingsdressings bereite ich so zu:

Den Essig vermenge ich gut mit dem Öl – am besten mit einem Schneebesen – und gebe Senf dazu. Den gewürfelten Speck brate ich kross in der Pfanne an. Die Zwiebel schneide ich in feine Ringe und die Champignons in feine Scheiben. Den geschälten und entkernten Apfel auch. Dann rühre ich alles gut zusammen.

Diese Mischung passt zu jeder Salatkombination. Einfach ausprobieren!

AMERICAN AIRLINES
Coca-Cola

Zutaten für 4 Personen

2 Chicoree
150 g Naturjoghurt
Sahnemeerrettich
1 Bd. Schnittlauch
1 rote Paprika
5 große weiße Champignons
1 Wirsing
Balsamico-Essig
Süßer Senf
Olivenöl
Salz, Pfeffer

Den bitteren Strunk des Chicorees entferne ich und zerpflücke ihn danach in einzelne Blätter.

Nun muss der Joghurt mit Senf, Sahnemeerrettich und dem fein geschnittenen Schnittlauch gut verrührt und mit Salz und Pfeffer abgeschmeckt werden.

Gebratener Wirsing an Chicoree-Schiffchen

Paprika in feine Würfel und die Champignons in feine Scheiben schneiden, beides unter das Dressing heben und die Mischung appetitlich in den Chicoree-Blättern anrichten.

Das in feine Streifen geschnittene Wirsingherz mit Olivenöl anbraten, aber Vorsicht: Das Gemüse sollte seine Farbe nicht verlieren.

Erst den Wirsing auf große Teller geben und dann die gefüllten Chicoree-Schiffchen aufsetzen.

»Essen soll Genuss sein, nicht lästige Versuchung.«

Zenith
275
300
325
350

Pilzrahmsuppe

Zutaten für 4 Personen

150 g Schinkenspeck
Olivenöl
20 g Butter
1 rote Zwiebel
ca. 50 g Pfifferlinge
ca. 50 g Austernpilze
ca. 50 g Schafspilze
4–6 Knoblauchzehen
1 EL Tomatenmark
375 ml trockener Rotwein
½ l Sahne
4 Eier
1 Tafel Bitterschokolade
Muskatnuss
Zucker
Salz, Pfeffer

Im Suppentopf brate ich den fein gewürfelten Speck mit einem Tropfen Öl und Butter an, dann gebe ich die fein gehackten Zwiebelchen dazu. Nun werden die geputzten und fein gewürfelten Pilze sowie die gepressten Knoblauchzehen zugefügt. Nochmals kurz anbraten. Jetzt das Tomatenmark hineingeben, kurz angehen lassen und mit dem Rotwein ablöschen. Schließlich mit der Sahne aufkochen.

Mit Salz, Pfeffer, Muskatnuss und Zucker würzen, danach von der Flamme nehmen.

Jetzt trenne ich das Eigelb vom Eiklar, schlage das Eigelb mit etwas Sahne auf und legiere damit die Suppe.

Mit einem großen Messer dünne Scheiben von der Schokolade schaben und als Dekoration auf die Suppe streuen.

BIEM

Zutaten für 4 Personen

1 großer Broccoli (ca. 400 g)
100 g Butter
Mehl
½ l Gemüsebrühe
Zucker
Muskatnuss
250 g Crème fraîche
2 Eier
50 ml Sahne
Salz

Die klein geschnittenen Broccoliröschen dünste ich in Butter an, die ich vorher in einem Topf mit einem Schneebesen aufgeschäumt habe. So kann sie nicht schwarz werden! Mit Mehl bestäuben und kurz und kräftig umrühren, damit nichts ansetzt.

Broccolisuppe

Dann gebe ich die Gemüsebrühe dazu, würze mit Salz, Zucker und frisch geriebener Muskatnuss und lasse das Ganze ca. 8 bis 10 Minuten kochen. Crème fraîche dazugeben und kurz aufwallen lassen.

Jetzt trenne ich die Eier vorsichtig und rühre das Eigelb unter die Sahne. Kurz vor dem Servieren der Suppe (die nicht mehr kochen darf, sonst kann das Eigelb flocken!) unterziehen.

Das gut gekühlte Eiweiß wird zu Eischnee aufgeschlagen, dann gebe ich einfach einen Klacks davon als Dekoration auf die Suppe.

Fertig! Einfach, sahnig und gesund.

Zutaten für 4 Personen

- 1 kg Strauchtomaten
- 100 g durchwachsener Speck
- ¾ l Sahne
- frischer Oregano
- 1 Pr. Zucker
- Knoblauch
- Öl
- Salz
- Pfeffer
- 1 Glas Sherry (oder mehr …)

Diese Tomatencremesuppe ist eine meiner Spezialitäten. Einige meiner Stammgäste behaupten, ich gäbe die Tomaten zu dem Sherry und nicht umgekehrt.

Mein Tipp: Einfach den Sherry nach Geschmack dosieren!
Da sollte man es nicht so genau nehmen.

Tomatencremesuppe

Als Erstes schneide ich die Tomaten auf der glatten Seite, also gegenüber vom Stengel, mit einem kleinen Kreuzschnitt ein wenig ein, dann löst sich die Haut später besser, lege sie kurz in kochendes Wasser, schrecke sie dann unter kaltem Wasser ab und ziehe ihnen anschließend die Haut ab.

Der gewürfelte Speck wird in einem großen Topf in wenig Öl kurz angebraten. Dann gebe ich die Tomaten und die Sahne dazu und würze mit Oregano, Salz, Pfeffer, Zucker und Knoblauch – alles nach persönlichem Geschmack. Das Ganze sollte unter ständigem Rühren ca. 30 Minuten köcheln.

Vor dem Servieren gebe ich den Sherry dazu.

Lichters Fleischgerichte

BIER
Lichter's Helles
BIER
Lichter's Helles

Zutaten für 4 Personen

1 kg Lummerbraten
körniger Senf
400 g Penne rigate
1 Wirsing
2 Stangen Porree
50 g Butter
Olivenöl
Salz, Pfeffer

Der Lummer ist das zweitbeste Stück, das ein Ferkelchen mit sich herumträgt. Mit Wirsing, Porree und Nudeln gefüllt, wird dieser Braten sogar noch besser!

Als Erstes wird der Lummer in eine Schmetterlingsform geschnitten, mit ein wenig Salz und ordentlich Pfeffer gewürzt – nicht nur von innen, sondern auch von außen. Die Pfanne heize ich in der Zwischenzeit vor. Dann gebe ich Olivenöl hinein. Mit den Mengenangaben nehme ich es nicht so genau, am besten richtet man sich da ganz nach seinem eigenen Geschmack und dem seiner

Gefüllter Lummerbraten

Gäste. Nur anbrennen sollte nichts in der Pfanne, so viel Öl muss schon sein! Das Fleisch wird von beiden Seiten scharf angebraten und aus der Pfanne herausgenommen. Dann werden die Innenseiten dick mit körnigem Senf eingestrichen. Auch damit sollte man nicht sparen, denn der Senf gibt dem Braten den kräftigen Geschmack.

Die Penne werden in einem großen Topf mit kochendem Salzwasser und einem Schuss Olivenöl gegart. Währenddessen kann ich mich der Füllung widmen. Wirsing und Porree schneide ich in feine Streifen und dünste das Gemüse kurz in Butter an.

Mein Tipp: Ein paar große Blätter lege ich zur Dekoration beiseite.

Und jetzt kommt die Füllung in die aufgeklappte Schmetterlingsform des Lummerbratens. Dann klappe ich sie zu, drehe den Braten herum, und lege ihn in eine heiße Pfanne. Keine Angst, die Füllung kann nicht herausfallen, denn durch das Anbraten zieht sich das Fleisch sicher um die Füllung zusammen. Dann im vorgeheizten Backofen bei 180 °C 20 bis 30 Minuten garen lassen. Nicht vergessen die Nudeln abzuschrecken!

Hirschfilet mit Wildreis

Zutaten für 4 Personen

200 g Wildreis
125 g Butter
500 g Hirschfilet
Muskatnuss
6 frische Feigen
50 g Griebenschmalz
2 große Birnen
½ l Rotwein
Kandiszucker
Wirsing
Öl
Jodsalz, Pfeffer

Meine Gäste wissen, dass ich immer sehr gerne Fruchtiges mit Fleisch kombiniere. Bei Wild allerdings ist diese Geschmackskombination vielen schon aus Großmutters Küche bekannt – meistens in Form von Preiselbeerkompott. Hier gibt es den Hirsch einmal anders – mit heißen Feigen und betrunkenen Birnen.

Den gewaschenen Wildreis lasse ich in der dreifachen Menge leicht gesalzenen Wassers knapp 25 Minuten lang kochen und schwenke ihn kurz vor dem Anrichten in Butter.

Dem Hirschfilet ziehe ich die Silberhaut ab und würze es mit Salz, Pfeffer und ein wenig geriebener Muskatnuss. Als nächstes erhitze ich Öl in einer Pfanne und brate das Hirschfilet kurz darin an. Die aufgeschnittenen Feigen und das Griebenschmalz gebe ich in eine weitere Pfanne und lasse sie im vorgeheizten Backofen bei knapp 180 °C etwa 10 Minuten garen.

Jetzt viertele und entkerne ich die Birnen, um sie dann in einem Topf bei geringer Temperatur in knapp ½ l Rotwein mit Kandiszucker 8 Minuten ziehen zu lassen.

Nun schneide ich den Wirsing in kleine, aber feine Streifen und dämpfe ihn in einer Pfanne mit ein wenig Butter gut 10 Minuten, indem ich bei niedriger Temperatur einen Deckel auf die Pfanne setze. So gart der Wirsing sehr schonend im eigenen Saft.

Danach wird alles auf einer großen Platte serviert. Hirschfilet und Birnenragout richte ich zusammen an.

Schweineroulade mit Chicoree gefüllt

Zutaten für 4 Personen

2 Chicoree
1 l Gemüsebrühe
4 dünne Schweineschnitzel
(ca. 800 g)
Dijonsenf
2 große Gemüsezwiebeln
50 g Butter
1 Pr. Zucker
Öl oder Butterschmalz
250 g Babymaccaroni
Salz, Pfeffer

Den Chicoree befreie ich vom Strunk, entferne die äußeren Blätter und putze ihn ordentlich. Dann gebe ich ihn in die siedende Gemüsebrühe und lasse ihn 2 bis 3 Minuten gar ziehen.

Die Schnitzel klopfe ich schön dünn (aber mit Gefühl, damit keine Löcher reinkommen!). Auf beide Seiten gebe ich Salz und Pfeffer. Wie viel? Das kann jeder nach persönlichem Geschmack dosieren. Anschließend bestreiche ich die Schnitzel mit einem kleinen Löffel Dijonsenf – wer es schärfer mag, nimmt mehr. Wenn der Chicoree gar ist, lasse ich ihn etwas abkühlen und rolle ihn dann in die Schnitzel ein. Das Röllchen fixiere ich mit 2 oder 3 Zahnstochern.

Die Zwiebeln werden geschält, geputzt und in große Stücke geschnitten. In einer Pfanne erhitze ich Butter, lasse die Zwiebeln kurz darin glasig anschwitzen und gebe eine Prise Zucker dazu. Jetzt wird sich manch einer schütteln, aber das schmeckt ganz köstlich! Der Zucker nimmt den Zwiebeln die Schärfe und gibt ihnen eine mildere Note. Ab und zu wenden und dabei langsam karamellisieren lassen. Das geht ganz von selbst, sobald man Zucker zu Butter gibt und beides erhitzt.

Die Rouladen im Bräter in Öl oder Butterschmalz von allen Seiten kurz anbraten, die karamellisierten Zwiebeln darauf geben und in den auf 180 bis 200 °C vorgeheizten Backofen schieben. Das Ganze lasse ich dann ca. 15 bis 20 Minuten garen.

Die Babymaccaroni koche ich in einem Topf mit gesalzenem Wasser und schwenke sie nach dem Abgießen eventuell noch einmal kurz in Butter.

Berghe

Zutaten für 4 Personen

800 g Kalbsfilet
ca. 200 g Gorgonzola
1 kleine Zwiebel
50 g Kräuterbutter
1 kleine Salatgurke
1 Bd. Schnittlauch
200 ml Sahne
1 Bd. Dill
200 g grüne Bandnudeln
4 große Wirsingblätter
Instant-Mehl (sehr fein gemahlenes, nicht klumpendes Mehl)
Olivenöl
Rosenpaprika
Salz, Pfeffer

Das Kalbsfilet schneide ich in schöne Medaillons, würze sie mit Salz, Pfeffer und Rosenpaprika und bestäube sie anschließend leicht mit Mehl. Dann brate ich das Fleisch von beiden Seiten in einer tiefen Pfanne mit Olivenöl kurz an und nehme es aus der Pfanne heraus. Jetzt wird es mit Gorgonzola bedeckt und bei ca. 120 °C im Ofen überbacken.

Kalbsfilet mit Gorgonzola überbacken

In der Zwischenzeit dünste ich die fein gewürfelten Zwiebeln mit der Hälfte der Kräuterbutter in der Pfanne an, in der auch das Fleisch gebraten wurde. Die geschnittene Gurke dazugeben und den fein geschnittenen Schnittlauch ebenfalls. Kurz angehen lassen. Das Gemüse wird mit etwas Sahne aufgekocht und mit Salz, Pfeffer und Dill abgeschmeckt.

Die Nudeln in Salzwasser bissfest kochen, abgießen und in der restlichen Kräuterbutter schwenken.

Ein großes Wirsingblatt auf jeden Teller legen, zuerst die Sauce daraufgeben, dann das überbackene Fleisch und schließlich die Nudeln daneben setzen.

Lammfilet mit Schafspilzen

Zutaten für 4 Personen

300 g Schafspilze
100 g Butter
1 Glas Rotwein
100 g Crème fraîche
Knoblauch
3 Eier
Mehl
Milch
1 Bd. glatte Petersilie
12 Lammfilets (ca. 800 g)
Basilikum
Olivenöl
Salz, Pfeffer

Die Schafspilze bürste ich ab (die heißen übrigens im Französischen frei übersetzt »Hammelfüßchen«) und dünste sie in Butter an. Dazu gebe ich einen Schuss Rotwein (muss aber kein teurer sein), lasse das Ganze kurz aufkochen, gebe Crème fraîche dazu und lasse es noch einige Minuten köcheln. Anschließend schmecke ich mit Salz, Pfeffer und Knoblauch (nicht zu wenig) ab.

Dann bereite ich einen Pfannkuchenteig aus Eiern, Mehl, Milch und ein wenig Mineralwasser (so wird der Teig lockerer) vor. Eine kleine Prise Salz gehört auf jeden Fall dazu, wer mag, nimmt auch Pfeffer. Den Teig lasse ich erst einmal etwas ruhen und backe ihn dann zunächst von einer Seite dünn in einer heißen Pfanne mit Öl. Vor dem Wenden bestreue ich den Teig mit grob gehackter Petersilie und backe ihn dann fertig, aber nicht zu kross. Im vorgeheizten Backofen bei 50 °C warm stellen (nicht heißer, sonst wird er zu trocken).

Kurz vor dem Anrichten fülle ich den Pfannkuchenteig mit Schafspilz-Ragout und rolle ihn zusammen. Der Rest der Sauce wird separat angerichtet.

Die Lammfilets würze ich mit Pfeffer, Knoblauch und Salz. In heißem Olivenöl werden die Filets nur kurz angebraten, damit sie auch rosa bleiben. Kurz vor dem Herausnehmen lege ich frische Basilikumblätter auf das Fleisch.

Ein Trick noch: Deckel auf die Pfanne, vom Herd nehmen und gar ziehen lassen, dabei die Filets einmal wenden. Eventuell kurz vor dem Servieren den Deckel abnehmen und erneut kurz erhitzen. So spare ich nicht nur Platz auf meinem Herd, das Fleisch wird durch die geringe Hitze auch einfach zarter.

Zutaten für 4 Personen

2 Zucchini
1 Bd. Lauchzwiebeln
50 g Butter
2 TL körniger Senf
2 Becher Crème double
1 Bd. Zitronenmelisse
1 Pk. frische Kresse
8 Lammkoteletts (ca. 1 kg)
Basilikum
Knoblauch
2–3 Tomaten
ca. 200 g Briekäse
200 g Vollkornnudeln
Jodsalz, Pfeffer

Die gewaschenen Zucchini und die Frühlingszwiebeln schneide ich in dünne Scheibchen. Dann werden sie in Butter angeschwitzt. Dazu kommen Senf, Crème double, Zitronenmelisse und Kresse. Bei kleiner Hitze lasse ich das Ganze 4 bis 5 Minuten köcheln.

Lammkotelett mit überbackenen Zucchini

Die Lammkoteletts würze ich mit Salz, Basilikum, Pfeffer nach persönlichem Geschmack, und das heißt für mich: viel! Das Gleiche gilt für den Knoblauch, daran spare ich ganz selten. Dann brate ich sie von beiden Seiten bei möglichst hoher Temperatur scharf an.

Das Gemüse bedecke ich in einer Auflaufform mit Tomatenscheibchen und Brie (und wieder gilt: Legen Sie einfach so viele Scheiben auf, wie Sie mögen). Zu guter Letzt lasse ich es bei Oberhitze im Backofen bei 180 °C überbacken.

Die Vollkornnudeln koche ich in Salzwasser und schwenke sie danach in Butter.

Milch

Zutaten für 4 Personen

Für die Sauce
Walnussöl
Butter
1 kleine rote Zwiebel
5 Wacholderbeeren
4 Nelken
1 Petersilienwurzel
1 Orange
1 Winterapfel
1 Fl. Rotwein
Rosmarin
frischer Koriander
1 Vanilleschote
4 trockene Printen
150 g Creme double
Salz, Pfeffer

Für das Fleisch
ca. 1 kg ausgelöster und fein parierter Hirschrücken
Waldhonig

Sauce
Ich gebe einen Tropfen Walnussöl in eine tiefe Pfanne und lasse eine Messerspitze Butter aus. Darin dünste ich die fein gehackte rote Zwiebel an. Zerdrückte Wacholderbeeren und die Nelken kommen nun hinzu. Ein kleines Stück Petersilienwurzel wird fein geschnitten und ebenfalls mit angeschmort.

In der Zwischenzeit filetiere ich eine Orange und schneide den Apfel in feine Stifte. Beides wird mit in die Pfanne gegeben.

Danach mit einem guten Glas Rotwein aufgießen und köcheln lassen, mit etwas Rosmarin und Koriander sowie dem Mark der Vanilleschote abschmecken und das Würzen mit Salz und Pfeffer nicht vergessen.

Die Printen in etwas Rotwein einweichen und unter die Sauce rühren, sodass diese schön cremig wird. Bei Bedarf mit etwas Crème double verfeinern.

Glasierte Hirschrückensteaks in Printen-Rotwein-Sauce

Hirschrücken
Den Hirschrücken schneide ich in 4 schöne Steaks, würze sie mit Salz und Pfeffer und brate sie in der Pfanne kurz von beiden Seiten in heißem Öl an. Nun beträufle ich die Steaks mit reichlich Honig schiebe sie in den Ofen, damit sie unter dem Grill schön glasiert werden.

Rosenkohl
Der Rosenkohl wird in Salzwasser blanchiert und danach paniert. Dazu wende ich ihn nacheinander in Mehl, dem verschlagenen Ei und schließlich in einer Mischung aus Paniermehl, den gemahlenen Walnüssen und etwas Muskatnuss. Anschließend wird er in Öl ausgebacken – aber Vorsicht: Er wird sehr schnell braun!

Kartoffelpüree
Die in Salzwasser gegarten Kartoffeln werden mit Butter und Milch schön cremig püriert und mit Salz und Pfeffer gewürzt. Eiklar aufschlagen, mit frisch geriebener Muskatnuss würzen, danach zur Dekoration auf das Kartoffelpüree geben.

Öl
Salz, Pfeffer

Für den Rosenkohl
500 g Rosenkohl
ca. 200 g Paniermehl
ca. 200 g Instant-Mehl (fein gemahlenes, nicht klumpendes Mehl)
4 Eier
ca. 40 g fein gemahlene Walnüsse
Muskatnuss
Salz

Für die Kartoffeln
500 g mehlig kochende Kartoffeln
Butter
Milch
4 Eiklar
Muskatnuss
Salz, Pfeffer

Zutaten für 4 Personen

6 Tomaten
Butter
2 Knoblauchzehen
Salbei
Oregano
¼ l Sahne
Blumenkohl
4 Stielkoteletts (ca. 1 kg)
200 g Mehl
5 Eier
Paniermehl
200 g durchwachsener Speck
¼ l Milch
Öl
Salz, Pfeffer

Zuerst werden die Tomaten vorbereitet, indem die Stiele entfernt und die Haut auf der glatten Seite vorsichtig kreuzweise eingeschnitten wird. Nachdem ich sie in heißem Wasser kurz habe aufkochen lassen, werden sie unter kaltem Wasser abgeschreckt, damit ich ihnen nun ganz einfach die Haut abziehen kann.

Die Butter lasse ich in einer heißen Pfanne zergehen und gebe dann die Tomaten zusammen mit zwei gepressten Knoblauchzehen, Salbei, Oregano und natürlich Sahne dazu. Die Dosierung der Gewürze ist Geschmacksache! Anschließend salze ich die Tomaten und lasse alles langsam einreduzieren. Da der Blumenkohl nicht durchgekocht werden muss, wird er nach kurzem Aufkochen knapp 20 Minuten auf kleiner Flamme gegart.

Stielkotelett in Tomatensauce mit Speckpfannkuchen

Von den Koteletts entferne ich den Stiel, indem ich sauber am Knochen entlangschneide. Auf Wunsch übernimmt das aber auch der Metzger für Sie. Dann wird das Fleisch paniert, das heißt vorsichtig mit Mehl bestäubt, in 2 verschlagenen Eiern gewälzt und leicht mit Paniermehl beklopft. Das alles gebe ich in die heiße Butterpfanne und lasse das Fleisch bei niedriger Temperatur leicht anbräunen. Danach gieße ich die Tomatensauce über das Kotelett. In einer weiteren Pfanne erhitze ich Öl und brate die Speckwürfelchen scharf an.

Für den Pfannkuchenteig werden 3 Eier unter das Mehl gerührt, ein wenig Milch dazugegeben und alles ordentlich durchgemischt. Dann wird der Teig zu den Speckwürfeln gegeben und das Ganze für 5 Minuten bei 200 °C in den Backofen geschoben. Alles zusammen richte ich nach Lust und Laune auf einem Teller appetitlich an.

Zutaten für 4 Personen

400 g kleine, junge Kartoffeln
Butter
800 g Kalbsfilet
Ingwerwurzel
2 Becher Crème fraîche
frische Kräuter, nach Lust und Laune (nur Bohnenkraut sollte man meiden)
Tomaten
Öl
Sherry-Essig
Senf
1 Zwiebel
Dill
Schnittlauch
Petersilie
Zucker
1 Kopfsalat
Jodsalz, Pfeffer

Die Kartoffeln wasche ich sehr gründlich und koche sie mit Schale ca. 20 Minuten. Vor dem Anrichten werden sie dann in Butter nochmals 2 Minuten in einer Pfanne leicht angebräunt.

Kalbsfilet mit Kräutersauce und Kopfsalat

Das Kalbsfilet schneide ich in Medaillons, würze diese mit Salz, Pfeffer und frischem, geriebenem Ingwer (den ich mit Vorsicht dosiere) und brate sie anschließend scharf an. Dann gebe ich Crème fraîche, die fein gehackten Kräuter sowie ein paar klein geschnittene Tomaten dazu. Das Ganze lasse ich bei kleiner Hitze knapp 5 Minuten kochen.

Für die Salatsauce werden ⅔ Öl, ⅓ Sherry-Essig, Salz, Pfeffer, Senf, Zwiebel, Dill, Schnittlauch, Petersilie und der Zucker vermischt. Zucker zum Essig rundet die Sauce ab, denn man hat so viele verschiedene Geschmackrichtungen auf der Zunge, die aber alle zusammenpassen.

Den Kopfsalat wasche ich und gebe das Dressing dazu – erst kurz vor dem Anrichten, sonst wird das knackige Grünzeug weich!

Zutaten für 2 Personen

4 große Möhren
2 große Zwiebeln
2 große Kartoffeln
150 g Sellerie
1 Stange Porree
2 EL scharfer Senf
Mehl
3 Flaschen Malzbier (je 0,3 Liter)
50 g Butter
2 Chicoree
4 große Champignons
100 g durchwachsener Speck
2 Filetsteaks (je 250 g)
Knoblauch
200 g Farfalle
Öl
Jodsalz, Pfeffer

Malzbier ist ideal für eine traditionelle Biersauce, denn zum süßen Geschmack des Bieres kommt die stark malzige Note.

Als erstes putze und wasche ich Möhren, Zwiebeln, Kartoffeln, Sellerie und Porree sorgfältig. Das Gemüse schneide ich dann in große Stücke und brate es in einer großen Pfanne in heißem Öl scharf an. Anschließend gebe ich den Senf dazu, bestäube alles leicht mit Mehl und fülle es mit Malzbier auf. Das Ganze lasse ich 20 bis 30 Minuten ziehen und schmecke es mit Salz und Pfeffer ab.

Gefülltes Filetsteak in Biersauce

In einer weiteren Pfanne lasse ich die Butter aus. Vom Chicoree entferne ich die äußeren Blätter und schneide den Strunk heraus. Die Blätter klein schneiden und mit den gewürfelten Champignons und dem Würfelspeck in die Pfanne geben. Deckel drauf und bei kleiner Hitze 10 bis 15 Minuten ziehen lassen.

Die Filetsteaks würze ich mit ein bisschen Salz, viel Pfeffer und Knoblauch. Von beiden Seiten scharf anbraten. Das Fleisch schneide ich in der Mitte wie eine Tasche ein und fülle diese dann mit dem Chicoree-Champignon-Gemüse.

Den Backofen auf 150 °C vorheizen und die Filetsteaks darin 2 Minuten in der Pfanne ziehen lassen. Die Nudeln koche ich in Salzwasser, schwenke sie anschließend in ein wenig Butter, und schon kann ich anrichten.

Mein Tipp: Hierzu passt ein kühles Blondes!

»Nur was langsam und gesund wächst, hat Bestand. Alles was schnelllebig ist, gepusht wird, kann nicht gesund sein. Es sieht nur schön aus.«

Zutaten für 4 Personen

500 g Kalbsrücken
2 große rote Paprika
1 große Gemüsezwiebel
2 TL süßer Senf
1 TL Tomatenmark
400 ml Sahne
Thymian
1 frische Ananas
4 große Scheiben Sauerteigbrot
Jodsalz, Pfeffer

Diese auf den ersten Blick schräge Kombination passt hervorragend zusammen, denn die Ananas gibt der Fleischsauce eine sehr erfrischende Note. Probieren Sie es einfach einmal aus!

Kalbsgeschnetzeltes mit Ananas

Zuerst schneide ich den Kalbsrücken in knapp 2 cm dicke Streifen und lasse ihn im Bräter anbraten. Dazu gebe ich grob geschnittene Paprikastreifen und die in feine Streifen geschnittene Zwiebel. Darauf kommen Senf und Tomatenmark.

Dann fülle ich den Bräter mit Sahne auf, bis das Fleisch bedeckt ist, und schmecke die Sauce mit ein wenig Salz, Pfeffer und Thymian ab, um sie dann etwa 10 bis 15 Minuten bei kleiner Hitze köcheln zu lassen.

Anschließend halbiere ich die Ananas längs, schäle sie, entferne den Boden (das »Pöppelchen«, wie man im Rheinland sagt), schneide den grünen Strunk heraus und gebe sie in groben Stücken unter das Geschnetzelte.

Die Brotscheiben röste ich in einer tiefen Pfanne in Butter von beiden Seiten kross an und lege das Kalbsgeschnetzelte darauf.

Zutaten für 4 Personen

250–300 g Zuckererbsen
2 Chicoree
Butter
4 Schweinefilets (ca. 800 g)
Mehl
50 g Walnusskäse
2 Platten Blätterteig (TK)
2 Eier
Öl
Jodsalz, Pfeffer

Die Zuckererbsen lasse ich knapp 7 Minuten in Salzwasser köcheln. Nicht verkochen, denn sie sollen ja schön knackig auf den Teller kommen!

Schweinelendchen mit Chicoree-Käse überbacken

Vom Chicoree entferne ich den Strunk und halbiere ihn längs. Dann gebe ich Butter in eine heiße Auflaufform, lege den Chicoree dazu und schiebe das Ganze für ca. 15 bis 20 Minuten in den auf 160 °C vorgeheizten Backofen.

Die Schweinefilets schneide ich in dünne Scheibchen, bevor ich sie mit Salz und viel Pfeffer würze. Anschließend bestäube ich das Fleisch mit Mehl und brate es in einer Pfanne in heißem Öl an.

Ich hole den Chicoree wieder aus dem Backofen und gebe die Zuckererbsen, das Fleisch und den in kleine Stücke geschnittenen Käse dazu. Darauf lege ich den ausgerollten Blätterteig und bestreiche ihn mit den geschlagenen Eiern, damit er beim Backen eine richtig schöne goldgelbe Farbe bekommt.

Bei hoher Temperatur lasse ich das Ganze dann im Ofen etwa 8 Minuten überbacken.

Coca-Cola

Schweineleber auf gebackenem Wirsing

Wirsing ist seit den 50er Jahren als »einfallsloses« Gemüse verschrien. Zu Unrecht! Man kann Wirsing auf sehr abwechslungsreiche Art zubereiten, von deftig mit Speck bis süßlich in Sahnesauce.

Zutaten für 4 Personen

1 Wirsing
2 große Kartoffeln
100 g durchwachsener Speck
Butter
4 Scheiben Schweineleber
(ca. 800 g)
3 Eier
200 ml Milch
100 g Mehl
1 Bd. Schnittlauch
2 Becher Crème fraîche
Jodsalz, Pfeffer

Den Wirsing viertele ich und befreie ihn vom Strunk. Dann schneide ich ihn in feine Streifen. Dasselbe geschieht mit den geschälten Kartoffeln und dem Speck. In einer Pfanne lasse ich das Streifenallerlei in Butter bei kleiner Temperatur etwa 20 Minuten brutzeln. Nicht vergessen, ab und zu umzurühren!

Die Haut der Leber wird eingeschnitten, damit sie sich beim Braten nicht zusammenzieht und hart wird. Anschließend stäube ich sie mit ein wenig Mehl ein und brate sie in einer zweiten Pfanne kurz an.

Für den Pfannkuchenteig werden Eier mit Milch und Mehl verrührt (wer will, kann auch etwas Mineralwasser dazugeben, dadurch wird der Teig schön locker). Salz nicht vergessen! Anschließend gebe ich den klein gehackten Schnittlauch dazu. Der Teig wird in Öl ausgebraten, dann mit Crème fraîche gefüllt und zusammengerollt. Die Röllchen fixiere ich mit Zahnstochern.

Mein Tipp: Die äußeren, dunkelgrünen Blätter zur Dekoration verwenden. Darin lassen sich Fleisch und Gemüse prima anrichten!

Zutaten für 4 Personen

400 g Zuckerschoten
50 g Kräuterbutter
Zucker
1 kg Lammrücken
Knoblauch
Basilikum
1 Birne
500 g junge, kleine Kartoffeln
100 g durchwachsener Speck
1 dunkles Roggenbaguette
Olivenöl
Jodsalz, Pfeffer

Lammrücken mit Zuckerschoten und Kartoffeln

Die meisten kennen Lamm mit Rosmarin gewürzt. Aber auch Basilikum passt hervorragend zu Lamm, denn es ist ein sehr sanftes Kraut und unterstützt den feinen Geschmack des Lammfleisches.

Die Zuckerschoten (die in Butzheim auch Charlöttchen genannt werden) koche ich in Salzwasser und schrecke sie unter kaltem Wasser ab. Die Schoten sollten dabei schön knackig bleiben, einfach während des Garens immer mal eine probieren! Anschließend schön abtropfen lassen und in Kräuterbutter mit einer Prise Zucker andünsten. Dann gebe ich ein bisschen Salz und reichlich Pfeffer dazu.

Den Lammrücken schneide ich oben am Steg mehrmals quer ein und gebe in die Ritzen Jodsalz, Pfeffer, viel frischen Knoblauch und Basilikum. Bei großer Hitze wird das Ganze kurz angebraten, am besten in einem flachen Bräter. Im schon vorgeheizten Backofen mit der halbierten und entkernten Birne bei 200 °C zu Ende garen, das dauert 10 bis 15 Minuten, je nachdem, wie rosa das Fleisch sein soll.

Die gewaschenen Kartoffeln mit Schale werden wie üblich in Salzwasser gegart. Wer mag, kann sie vor dem Servieren noch einmal in heißem Olivenöl schwenken und mit grobem Salz bestreuen. Eine herzhafte Variante: durchwachsenen Speck klein würfeln und zusammen mit den gekochten Kartöffelchen anbraten.

Das Ganze wird mit einem dunklen Roggenbaguette serviert.

Buntes Gemüse an Rindersteak

Zutaten für 2 Personen

1 Kohlrabi
1 Aubergine
1 große Sellerieknolle
50 g Butter
300 ml Sahne
1 Ecke Gorgonzola
2 Hüftsteaks (je 200 g)
Knoblauch
Salz, Pfeffer

Das gewaschene Gemüse wird in kleine Streifen geschnitten. In einer heißen Pfanne dünste ich es dann in zerlassener Butter an.

Anschließend gebe ich die Sahne dazu, bedecke das Ganze mit dem in Streifen geschnittenen Gorgonzola und stelle es für knapp 2 Minuten in der Pfanne in den Ofen und lasse es bei Oberhitze (180 °C) überbacken.

Die Steaks würze ich mit ein wenig Salz, Pfeffer und frischem Knoblauch und brate sie von beiden Seiten scharf an.

Zutaten für 4 Personen

1 kg Schweinerücken mit Schwarte
1 Spitzkohl
50 g Butter
100 g Blauschimmelkäse
1 Fenchel
1 Becher Crème fraîche
¼ l Sahne
Kartoffeln
Salz, Pfeffer

Zunächst schneide ich in die Schwarte, also die Speckseite, längs und quer bis auf das Fleisch, sodass sie mit einem Würfelmuster verziert ist – das gibt dann später eine schöne Kruste. Das Ganze wird von beiden Seiten scharf angebraten und anschließend in der Pfanne im vorgeheizten Backofen bei 190 °C ca. 30 Minuten gegart.

Krustenbraten mit Fenchelsauce und überbackenem Spitzkohl

In der Zwischenzeit schneide ich den Spitzkohl in ganz grobe Stücke (nicht vergessen den Strunk zu entfernen!) und brate ihn in Butter an. Anschließend mit Blauschimmelkäse bedecken und auf der oberen Schiebeleiste im Ofen überbacken.

Für die Sauce befreie ich den Fenchel vom groben Strunk, schneide ihn in feine Streifen und dünste ihn in Butter an. Crème fraîche und Sahne dazugeben, dann einköcheln lassen. Erst jetzt salze und pfeffere ich und lasse das Ganze nochmals 4 bis 5 Minuten ziehen.

Und wie man Salzkartoffeln kocht, wissen Sie alle auch ohne Kochbuch!

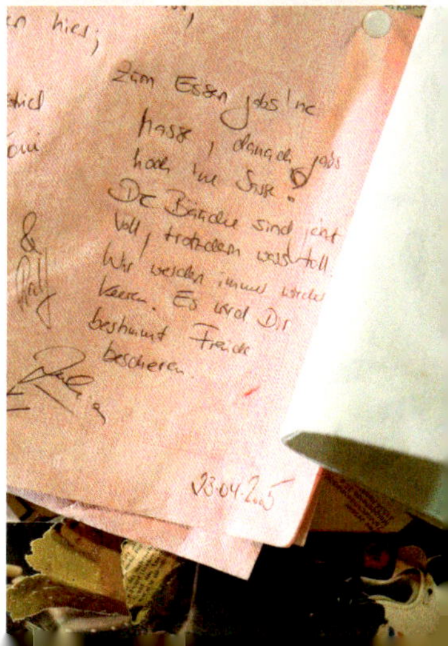

damit, Onkelchen! Rohkost muß frisch serviert werden!
Keine Angst, ich rette Sie vor diesem Spitzbart!
Aber... autsch... ich wollte Sie doch nur befreien!
Schweig, du Unwürdiger! Mögest du als staubschluckendes Kriechtier wiedergeboren werden!
Kläff! Kläff!
Nastassja scheint dich zu kennen! Gehörtest du damals gar zu ihrer Dienerschaft?
Pah! Höchstens als kaiserliche Küchenschabe!
Was Sie nicht sagen!
Unwissender! Dieses Hündchen war vor vierzehn Leben noch die Kaiserin von Tigris!
43
KORSAREN
Toten
ZIMMT
GEWÜRZ
PFEFFER

Zutaten für 4 Personen

1 Sellerieknolle
2 Chicoree
1 kleiner weißer Radi
2 große Tomaten
150 g Butter
½ l Sahne
1 Bd. frischer Salbei
6 Knoblauchzehen
500 g Frühkartoffeln
50 g durchwachsener Speck
Rippchen vom Schwein
(ca. 1 kg)
Rosenpaprika
süßer Senf
100 g Kräuterbutter
Kürbiskernöl
Jodsalz, Pfeffer

Ich fange mit der Vorbereitung des Sahnegemüses an. Dazu schäle ich Sellerie (im Rheinland auch Potenzknolle genannt), Chicoree, Radi und Tomaten und schneide alles in große Scheiben beziehungsweise große Stücke. Dann dünste ich das Gemüse in einem Bräter in Butter an. Das Ganze fülle ich anschließend mit einem guten Schuss Sahne auf, gebe Salz, Pfeffer, den gehackten Salbei und 3 gehackte Knoblauchzehen dazu. Alles aufkochen und etwa 15 Minuten bei kleiner Flamme ziehen lassen.

Rippchen mit Sahnegemüse

Die Kartoffeln habe ich inzwischen gründlich gewaschen – nicht geschält! Dann werden sie mit dem gewürfelten Speck in einer Pfanne in Kürbiskernöl angebraten. Das Kürbiskernöl gibt den Kartoffeln eine dezent orientalische Note.

Die Rippchen würze ich mit ein wenig Salz, Pfeffer und Rosenpaprika. Dann werden sie mit einer Paste aus Senf und klein gehacktem Knoblauch (die restlichen 3 Zehen) bestrichen. Von beiden Seiten scharf anbraten und nochmals – jetzt mit Kräuterbutter – bestreichen. Mit der Rundung nach unten lasse ich sie im vorgeheizten Ofen bei 180 °C noch etwa 15 Minuten backen.

Lichter's
Helles

Lammfilet mit Herbstapfelgemüse

Zutaten für 4 Personen

2 Kartoffeln
2–4 mittelgroße Möhren
2 Stangen Porree
1 großer Boskop-Apfel
8 Stücke Lammfilet (ca. 800 g)
Knoblauch
Kräuterbutter
Butter
Salz, Pfeffer

Die Kartoffeln werden geschält und gekocht. Während sie garen, putze ich die Möhren und schneide sie in ca. 1 cm dicke Scheiben. So behalten sie den nötigen Biss. Dann schneide ich den gewaschenen Porree in 2 cm dicke Scheiben. Das Schnittgemüse lege ich in eine Pfanne mit ausgelassener Butter.

Mein persönlicher Trick: Den Boskop-Apfel vierteile und entkerne ich und zerteile ihn in schmale Schnitze, dann lege ich ihn auf das schwitzende Gemüse. Deckel drauf und bei kleiner Hitze 10 Minuten ziehen lassen.

Jetzt wird es Zeit für das Lammfilet. Dazu ziehe ich dem Filet zuerst die Silberhaut ab, würze dann mit Salz, Pfeffer und viel frischem Knoblauch aus der Presse und brate es scharf von beiden Seiten an. Damit das Lammfilet schön rosa bleibt, schiebe ich die Pfanne bei 180 °C für etwa 3 Minuten in den vorgeheizten Backofen. Wer mich kennt, weiß: Vorher gebe ich gerne und viel Kräuterbutter auf das Fleisch.

Die Kartoffeln sind in der Zwischenzeit gar, werden also abgegossen und mit einem kräftigen Klatsch Butter angereichert. Ein Blick auf das Gemüse genügt: Wenn die Apfelschnitze leicht zerfallen, ist es gar.

»Meine Rezepte muss keiner exakt nachkochen, sie sollen eine Anregung sein. Meine Leser sollen sagen: Mensch, so mal Fleisch zu machen, das ist 'ne tolle Idee.«

Zutaten für 4 Personen

2 Kohlrabi (ca. 300–400 g)
50 g Butter
Muskatnuss
½ l Sahne
4 magere Lummerkoteletts (ca. 1 kg)
Mehl
2 Eier
1 Bd. Estragon
Paniermehl
500 g Vollkornnudeln
Jodsalz, Pfeffer

Panieren ist eine Kunst. Oft werden einem halbe Brote um das Fleisch herum serviert, hart und trocken. Eine gute Panade ist leicht und locker und bildet beim Braten eine Blase um das Fleisch. So kann es im eigenen Saft garen, wird geschützt und bleibt wunderbar zart. Der Trick: Nach dem Wenden im Ei nur einmal leicht durch das Paniermehl ziehen!

Lummerkotelett in Estragon

Zuerst schäle ich den Kohlrabi, schneide ihn in Streifen und brate ihn in einer Pfanne leicht in Butter an. Anschließend würze ich mit Salz und Muskatnuss. Dann gebe ich die Sahne dazu und lasse sie bei niedriger Hitze einreduzieren.

Die Koteletts würze ich zuerst mit ein wenig Salz und viel – wie immer nach persönlichem Geschmack – Pfeffer. Dann werden sie in Mehl gewendet. Als nächstes gebe ich die Eier in einen tiefen Teller und mische den gehackten Estragon unter. Die Koteletts wende ich mehrmals im Ei und ziehe sie schließlich von beiden Seiten einmal leicht durch das Paniermehl.

Die panierten Koteletts brate ich kurz in Öl an. Danach gebe ich von beiden Seiten Butterflöckchen auf das Fleisch und lasse das Ganze etwa 8 Minuten in der Pfanne im vorgeheizten Backofen bei 160 °C garen.

Die Nudeln werden ganz traditionell in Salzwasser gekocht. Vor dem Servieren gebe ich immer noch ein Stückchen Butter zu den abgetropften Nudeln.

Zutaten für 4 Personen

1 großer frischer Mangold
1 Bd. Orangenmelisse
2 EL Dijonsenf
1 EL Tomatenmark
¼ l Rotwein
1 Sellerieknolle
4 mittelgroße Zwiebeln
3 Eier
4 Scheiben Schweineleber
(ca. 800 g)
50 g Butter
Öl
Jodsalz

Als Erstes wasche ich den Mangold und schneide ihn in feine Streifen. Dann wird er in einer tiefen Pfanne angedünstet. Die Orangenmelisse (die Blättchen nicht schneiden!) gebe ich dazu, ebenso den Senf und das Tomatenmark. Das Ganze wird kurz angedünstet, dann mit Rotwein abgelöscht und bei geringer Hitze 5 bis 8 Minuten geköchelt.

Schweineleber in Rotwein-Mangold-Sauce

Den Sellerie schäle ich – ordentlich! – und schneide ihn dann in große Scheiben, um ihn in Öl anzubräunen. Dadurch entwickelt er einen süßlichen Geschmack und die typische scharfe Note tritt in den Hintergrund. Gewürzt wird er nicht! Die Zwiebeln schneide ich in Streifen und brate sie in der Pfanne kurz an. Vor dem Servieren gebe ich die aufgeschlagenen Eier dazu und brate alles noch einmal kurz an. Anschließend wird das Gemüse mit ein wenig Salz gewürzt.

Die Haut der Leber schneide ich, wenn sie nicht schon von unserem Lieblingsmetzger abgezogen wurde, leicht ein. Dann brate ich die Scheiben mit Öl ohne Gewürze bei mittlerer Temperatur maximal 2 Minuten von beiden Seiten.

Zutaten für 2 Personen

400 g grüne Bohnen
1 Bd. Bohnenkraut
4 Scheiben fetter Speck
2 große Tomaten
2 Platten Blätterteig (TK)
2 Rumpsteaks (je 250 g)
8 große Knoblauchzehen
Kräuterbutter
Salz, Pfeffer

Die Bohnen koche ich knackig ab, gebe sie in eine kleine vorgewärmte Pfanne und würze mit Salz, Pfeffer und Bohnenkraut. Das Bohnenkraut vorsichtig dosieren, lieber nachwürzen! Den in einer Pfanne ausgelassenen Speck gieße ich über die Bohnen und gebe die in Scheiben geschnittenen Tomaten dazu. Den ausgerollten Blätterteig darauf legen und im Ofen bei 220 °C schön braun backen.

Rumpsteak mit Überraschungsbohnen

Mein Tipp: Nach dem ersten Aufgehen noch einmal mit einem Pinsel Eigelb auf den Teig streichen. Das gibt eine schöne goldgelbe Färbung.

Das Rumpsteak würze ich mit Salz, geschrotetem Pfeffer und viel Knoblauch. In einer Pfanne stark anbraten und mit Kräuterbutter bedeckt im vorgeheizten Ofen bei 280 °C in der Pfanne ca. 5 Minuten rosa backen.

Dazu serviere ich Lichters Echte, die ich in Öl bei mittlerer Temperatur braun backe. Kurz bevor ich sie aus der Pfanne nehme, gebe ich einen guten Stich Butter dazu.

Das Rezept zu den Echten gibt's auf Seite 104.

Zutaten für 4 Personen

500 g beliebiges Fleisch
(z. B. vom Schwein)
1 Stange Porree
3–4 Möhren
2 Kartoffeln
1 Broccoli
ca. 200 g Bohnen
3–4 große Champignons
½ Ananas
süßer Senf
Tomatenmark
Thymian
Muskatnuss
Knoblauch
1 l Sahne
Salz, Pfeffer

Der Butzheimer Rumfort-Topf heißt so, weil alles was in der Küche an Essbarem »rum« liegt, »fort« muss in den »Topf«. Im Grunde ist es ganz egal, was wir kochen, bei mir lagen aber gerade die rechts aufgeführten Zutaten herum, die ich wie folgt verarbeite:

Butzheimer Rumfort-Topf

Als Erstes erhitze ich ein wenig Öl in einer großen Kasserole (oder in einem Bräter). Dann werfe ich 500 g in Würfel geschnittene Schweinefilets hinein und brate sie scharf an. Dazu gebe ich dann eine Stange Porree, die Möhren, Kartoffeln, Broccoli, Bohnen und Champignons. Das geputzte Gemüse habe ich zuvor in grobe Stücke geschnitten. Lang kochendes Gemüse wie Möhren, Kartoffeln und Bohnen kommt vor dem schneller kochenden wie Porree oder Broccoli in den Topf, ganz zum Schluss werden die Champignons zugefügt. Richtig tropisch wird der Rumfort-Topf durch eine halbe Ananas.

Ich würze das Ganze schließlich mit süßem Senf, Tomatenmark, etwas Salz, Pfeffer, Thymian, Muskatnuss und viel Knoblauch, falls vorhanden. Wichtig beim Rumfort-Topf: Gewürzt wird nach Lust und Laune! Zum Schluss gieße ich einen Liter Sahne dazu und lasse alles knapp 20 bis 25 Minuten köcheln. Fertig!

Dazu serviere ich ein Stück herzhaftes, dunkles Brot.

»Ich hatte immer zwei Traumberufe: Koch und Schreiner. Zwei Berufe bei denen du was Tolles machst, mit deinen Händen, deiner Fantasie, wo man nachher was zu sehen hat.«

Lichters Geflügelgerichte

75

Zutaten für 4 Personen

125 g Langkornreis
500 g Blattspinat
Gemüsebrühe
30 g durchwachsener Speck
1 große Gemüsezwiebel
8 Knoblauchzehen
Muskatnuss
4 Hähnchenbrüste (ca. 800 g)
Rosenpaprika
Mehl
Butter
Pfirsichlikör
200 ml Sahne
Salz, Pfeffer

Den Reis koche ich knackig, da er später in der Sauce noch nachgegart wird.

Den Spinat ordentlich säubern und in der Gemüsebrühe kurz aufkochen lassen, so bekommt er noch einmal mehr Geschmack! Den gegarten Spinat zusammen mit den Speckwürfeln, einer fein gehackten Zwiebelhälfte und viel frisch gepresstem Knoblauch anbraten. Dann mit Muskatnuss, Salz und Pfeffer abschmecken.

Hähnchenbrust gefüllt mit Blattspinat

Die Hähnchenbrüste schneide ich in Schmetterlingsform auf und würze sie mit Salz, Pfeffer und Rosenpaprika. Dann gebe ich die Spinatfüllung hinein und verschnüre die Fleischhälften mit einem Küchenbindfaden. Anschließend werden die kleinen Pakete in Mehl gewälzt. In einer weiteren Pfanne erhitze ich Öl und brate die Hähnchenbrüste von beiden Seiten kurz an. Herausnehmen, mit etwas Butter bedecken und nochmals gute 15 Minuten im vorgeheizten Backofen bei ca. 180 °C garen lassen.

Für die Sauce dünste ich die andere Hälfte der Zwiebel in Butter an. Mit einem guten Schuss Pfirsichlikör ablöschen. Schließlich gieße ich die Sahne an, lasse sie kurz aufkochen und gebe den vorgekochten Reis dazu. Alles einen Augenblick ziehen lassen.

Entenbrust mit grünen Nudeln

Zutaten für 2 Personen

Distelöl
Sherry-Essig
Zucker
Senf
frischer Dill
frischer Schnittlauch
100 g durchwachsener Speck
1 Kopfsalat
4 große Tomaten
4 Lauchzwiebeln
1 Peperoni
50 g Butter
Tomatenmark
½ l Sahne
400 g grüne Bandnudeln
2 Entenbrüste (ca. 500–600 g)
Ingwerwurzel
Jodsalz, Pfeffer

Zuerst bereite ich das Salatdressing vor. Dazu vermische ich 2 Teile Öl, 1 Teil Sherry-Essig, etwas Salz, Zucker und Pfeffer, Senf sowie die gehackten Kräuter. Den gewürfelten Speck brate ich an, bevor ich ihn zum Dressing gebe und alles gut verrühre. Kurz vor dem Servieren verteile ich das Ganze über den gewaschenen Kopfsalat und die in Scheibchen geschnittenen Tomaten.

Für die Nudelsauce dünste ich die fein geschnittenen Lauchzwiebeln sowie die halbierte Peperoni in Butter an. Dazu gebe ich 1 TL Tomatenmark, 2 TL Senf sowie die Sahne und lasse es bei kleiner Hitze knapp 10 Minuten köcheln.

Die Nudeln werden in viel Wasser mit 1 EL Öl und einer Prise Salz knapp 6 Minuten al dente gekocht.

Die Entenbrüste schneide ich in dicke Scheiben. Dann brate ich sie in Öl schnell und kurz an. Erst danach werden sie mit ein wenig Salz, Pfeffer und 1 gestrichenen TL geriebenen Ingwer gewürzt.

Mein Tipp: Die Entenbrustscheiben bei hoher Temperatur in Öl und von beiden Seiten sehr kurz anbraten. So bleiben sie rosa.

Zutaten für 4 Personen

1 Stange Porree
1 Kohlrabi
2 rote Zwiebeln
100 g Butter
½ l Hühnerbrühe
4 Hähnchenbrüste (ca. 800–900 g)
4 Scheiben Schwarzbrot
4 Scheiben alter holländischer Käse
Walnussöl
Salz, Pfeffer

Das geputzte Gemüse schneide ich in feine Streifen und dünste es in Butter an. Die Pfanne mit Hühnerbrühe auffüllen und alles bei kleiner Hitze knapp 5 Minuten köcheln.

Hähnchen in Gemüsefond

Die Hähnchenbrüste würze ich mit einer Prise Salz und viel Pfeffer und brate sie dann bei starker Hitze in Öl von beiden Seiten scharf an. Darauf gebe ich Butterflöckchen und lasse das Geflügel in der Pfanne knapp 7 bis 8 Minuten bei 180 °C im vorgeheizten Backofen ziehen.

Das Schwarzbrot belege ich mit Käse und überbacke es kurz vor dem Anrichten im Ofen auf der obersten Schiebeleiste. Das ist für mich eine ideale Beilage. Probieren Sie es einfach mal aus!

Zutaten für 4 Personen

400 g Rübstiel
50 g Butter
125 g Crème fraîche
4 große Möhren
2 Eier
1 Bd. Basilikum
800 g Straußenfilet
4 Knoblauchzehen
Olivenöl
Salz, Pfeffer

Rübstiel oder Stielmus sind die Blätter und Stengel der Rübenpflanze. Die Rübe ist ein ganz traditionelles Gemüse, viele alte Rezepte drehen sich um sie! Heute ist sie ein wenig in Vergessenheit geraten. Man bekommt sie aber auf fast jedem Markt. Hier kombiniere ich Tradition mit Trend, dem Straußenfleisch.

Straußenfilet mit Rübstiel

Zunächst putze ich den Rübstiel, trenne die Blätter ab und schneide ihn in kleine Stücke. Diese dünste ich in Butter an, gebe Crème fraîche dazu und lasse das Ganze munter köcheln.

Dann schneide ich die geputzten Möhren in feine Scheibchen und brate sie in einer Pfanne mit Olivenöl scharf an. Die Eier in einer Schüssel verschlagen, pfeffern, salzen, das gehackte Basilikum hinzufügen und anschließend über die Möhren geben. Die Möhren im vorgeheizten Backofen in der Pfanne bei 160 °C ca. 10 Minuten zu Ende garen.

Das Straußenfilet würze ich, genau wie Rinderfilet, mit Salz, viel Pfeffer und frisch gepresstem Knoblauch. In einer heißen Pfanne kurz in Öl anbraten, die Hitze reduzieren und einige Minuten nachgaren lassen.

Aber aufgepasst: Straußenfleisch ist wesentlich schneller gar als Rind!

Zutaten für 4 Personen

4 Hähnchenbrüste (ca. 800 g)
Ingwerwurzel
300 g kernlose Weintrauben
50 g Butter
1 Glas Weißwein
Sahnemeerrettich
400 g Charlotten-Kartoffeln
1 Kopfsalat
Weinessig
Zucker
süßer Senf
ca. 50 g geräucherter Speck
Öl
Salz, Pfeffer

Weintrauben zu Geflügel, das gibt eine herzerfrischende Sauce mit einem fein-fruchtigen und milden Geschmack. Auch hier gilt wieder einmal: einfach (aus-)probieren!

Hähnchenbrust in Weintraubensauce mit Kopfsalat

Die Hähnchenbrüste würze ich mit Salz, viel Pfeffer und einem Hauch geriebenem Ingwer von beiden Seiten. Anschließend werden sie in einer Pfanne mit Öl kurz, aber knackig braun angebraten. Dann lasse ich sie im vorgeheizten Backofen 10 bis 15 Minuten bei knapp 180 °C garen.

Für die Hähnchensauce dünste ich die Weintrauben in Butter an, gebe Weißwein und 2 TL Sahnemeerrettich dazu und lasse sie dann leicht köcheln. Wenn sich die Trauben in der Sauce öffnen, sind sie gar. Die sorgfältig gewaschenen Kartoffeln koche ich mit der Schale und schwenke sie dann kurz in Butter.

Den Kopfsalat bereite ich ganz klassisch zu, das heißt waschen, trockenschleudern und mundgerecht zerkleinern. Für die Salatsauce mische ich 6 EL Öl, 2 EL Weinessig, etwas Salz und Pfeffer, eine Prise Zucker, 1 TL Senf sowie 2 TL Sahnemeerrettich und gebe dann den zuvor in der Pfanne kross angebratenen, gewürfelten Speck dazu.

Hähnchenschenkel glasiert mit Orangen-Zucker-Sauce

Zutaten für 4 Personen

4 Hähnchenschenkel (ca. 1 kg)
Rosenpaprika
250 g Kartoffelnudeln
4 türkische Paprika
1 Bd. Salbei
250 ml Sahne
100 g Butter
Zucker
1 große Orange
Salz, Pfeffer

Die Hähnchenkeulen würze ich mit Salz, Pfeffer und Rosenpaprika. In einer heißen Pfanne brate ich sie dann von beiden Seiten scharf an und lasse sie anschließend, mit ein wenig Butter bedeckt, ca. 20 Minuten bei 220 °C im vorgeheizten Backofen garen.

Die Kartoffelnudeln werden wie normale Nudeln gekocht. Mein Tipp: Vor der regulären Garzeit, nach ca. 8 Minuten, abschütten! Denn später werden sie in der Sauce zu Ende garen und dadurch den Geschmack besser aufnehmen.

Ich schneide die Deckel von den Paprikaschoten, schneide sie in feine Streifen und dünste sie in Butter an. Den ebenfalls in feine Streifen geschnittenen Salbei dazugeben, mit Sahne auffüllen und kurz einreduzieren lassen. Mit Salz und Pfeffer nachwürzen. Nun kommen, wie versprochen, die Nudeln wieder dazu. Sie sollten nur so lange in der Sauce bleiben, bis sie sich vollgesogen haben. Dann werden sie in die vom Kerngehäuse befreiten Paprika gegeben. Anschließend lasse ich die gefüllten Schoten in einem Bräter zusammen mit den Hähnchenschenkeln ca. 10 Minuten ziehen.

Tipp: Bevor ich die Paprika mit den Nudeln in den Ofen gebe, bedecke ich sie mit Aluminiumfolie, so bleiben sie länger frisch und knackig.

Für die Hähnchensauce lasse ich ca. 80 bis 100 g Butter in einer Pfanne zergehen, gebe ungefähr 2 TL Zucker dazu und lasse ihn karamellisieren. Dann den Saft der Orange hineinpressen, gut verrühren, bis keine Klumpen mehr da sind. Kurz vor dem Servieren gebe ich die Sauce über die Hähnchenschenkel und schiebe sie noch einmal – kurz! – zum Überbacken in den Ofen.

Zutaten für 4 Personen

4 Hähnchenschenkel (ca. 1 kg)
Ingwerwurzel
250 g Butter
3 Äpfel
1 TL süßer Senf
2 TL Sahnemeerrettich
½ l Sahne
1 Bd. Dill
Eisbergsalat
Balsamico-Essig
500 g Kartoffeln
Salz, Pfeffer

Die Hähnchenschenkel würze ich mit Salz, ein wenig geriebenem Ingwer und viel Pfeffer. Dann werden sie in einem Bräter oder einer Pfanne kurz und scharf angebraten. Anschließend belege ich sie mit Butterflocken (nicht zu sparsam!) und lasse sie dann im vorgeheizten Backofen bei 180 °C etwa 10 bis 20 Minuten braten.

Hähnchenschenkel auf Eisbergsalat

Nachdem ich das Kerngehäuse entfernt habe, schneide ich die Äpfel in kleine Stückchen und lasse sie in Butter anschwitzen. Dann gebe ich Senf, Meerrettich, Sahne und den fein geschnittenen Dill dazu, rühre das Ganze kurz durch und lasse alles bei kleiner Hitze weitere 10 bis 20 Minuten köcheln.

Der gewaschene Eisbergsalat wird in grobe Stückchen geschnitten und mit Balsamico-Essig beträufelt. Vor dem Servieren lege ich die gebratenen Hähnchenschenkel auf den angerichteten Salat. Dazu reiche ich dann die Kartoffeln. Und wie Sie die zubereiten müssen, brauche ich ja nicht zu erklären.

Zutaten für 4 Personen

Olivenöl
Zucker
Knoblauch
50 g Sahnemeerrettich
20 g süßer Senf
300 g Portulak-Salat
400 g Taglie d'oliva
(oder andere leckere Nudeln)
12 Hähnchenschenkel (ca. 1 kg)
Rosenpaprika
2 Becher Crème fraîche
2 Pk. Kresse
Salz, Pfeffer

Ich fange mit der Salatsauce an, damit sie schön durchzieht. Dazu werden Olivenöl, eine Prise Salz, ein wenig Pfeffer, Zucker, Knoblauch – nicht zu knapp –, Sahnemeerrettich und Senf verrührt. Das Dressing aber erst kurz vor dem Servieren mit dem gewaschenen Portulak-Salat vermischen.

Hähnchenschenkel in Kresserahm

Die Nudeln werden in Salzwasser mit einem Schuss Olivenöl gekocht.

Hähnchenschenkel mit Salz, Pfeffer und Rosenpaprika würzen und von beiden Seiten scharf anbraten, dann im vorgeheizten Backofen knapp 15 Minuten bei 180 °C fertig garen lassen. Wenn sie dann aus dem Backofen kommen, gieße ich das Öl wieder ab, gebe Crème fraîche und Kresse darüber und lasse alles einmal aufkochen. Anschließend sollte das Ganze noch einige Minuten durchziehen.

Zutaten für 2 Personen

- 2 Entenbrüste (je 200 g)
- Kräuterbutter
- 1 großer Broccoli
- Butter
- ½ l Sahne
- 400 g mehlig kochende Kartoffeln
- 50 g Crème fraîche
- 2 Eigelb
- Öl
- Salz, Pfeffer

Die Speckhaut der Entenbrust schneide ich einmal längs und zwei- bis dreimal quer ein und würze sie mit ein wenig Salz und viel Pfeffer. Dann brate ich sie in Öl bei hoher Temperatur von beiden Seiten an. In die Einschnitte streiche ich ein wenig Kräuterbutter und lasse sie im vorgeheizten Backofen in der Pfanne knapp 10 Minuten bei 180 °C garen.

Entenbrust in Broccolirahm

Den Broccoli schneide ich in Stücke und entferne auch den Strunk. In einer tiefen Pfanne schwitze ich ihn mit Butter an. Dann gebe ich ein wenig Sahne und eine Prise Salz dazu. Bei kleiner Temperatur alles zusammen köcheln lassen.

Zu den gekochten Kartoffeln gebe ich ein wenig Crème fraîche und einen Schuss Sahne und mixe das Ganze dann zu einer Creme, die kurz vor dem Anrichten in Klecksen wie kleine Krönchen auf ein Backblech gesetzt werden. Die Krönchen bestreiche ich mit Eigelb und lasse sie im Backofen goldgelb backen.

Lichters Fisch und Meeresfrüchte

Zutaten für 2 Personen

400 g Kartoffeln
1 Bd. Lauchzwiebeln
Butter
50 g Puderzucker
1 große Zitrone
1 Bd. Schnittlauch
Weinessig
200 ml Himbeersaft
2 Regenbogenforellen
Worcestersauce
150 g Kräuterbutter
100 g Walnüsse
250 g Crème fraîche
Salz, Pfeffer

Regenbogenforelle in Zitronen-Weinessig-Sauce

Zuerst schäle ich die Kartoffeln und lasse sie garen. Währenddessen entferne ich die Enden von den Lauchzwiebeln, schneide sie der Länge nach einmal durch und dann in ca. ½ cm dicke Scheiben. In einer tiefen Pfanne rühre ich ca. 100 g Butter mit einem Schneebesen schaumig. Die bestäube ich dann bei niedriger Temperatur mit Puderzucker, rühre diesen ein und lasse kurz karamellisieren. Dann gebe ich den Saft der Zitrone dazu und koche das Ganze kurz auf. Durch das Karamellisieren bilden sich zuerst braune Klümpchen, die sich aber durch die Zugabe des Zitronensaftes wieder auflösen. Jetzt die Lauchzwiebeln und den fein gehackten Schnittlauch dazugeben. Gut andünsten, mit 1 TL Weinessig und dem Himbeersaft ablöschen. Einreduzieren lassen.

Die Forelle würze ich mit Salz, Pfeffer und Worcestersauce und brate sie kurz an. Mit Kräuterbutter bedecken und im vorgeheizten Backofen auf mittlerer Schiene bei ca. 210 bis 220 °C je nach Größe der Forelle ungefähr 10 bis 12 Minuten garen.

Nun zu den Kartoffeln: In eine tiefe Pfanne gebe ich Butter, dazu fein gehackte Walnüsse, die ich anröste, bis sie eine schöne braune Farbe bekommen. Dann gebe ich die Kartoffeln dazu und lasse auch sie anbräunen.

Kurz vor dem Anrichten rühre ich Crème fraîche unter die Lauchzwiebelchen.

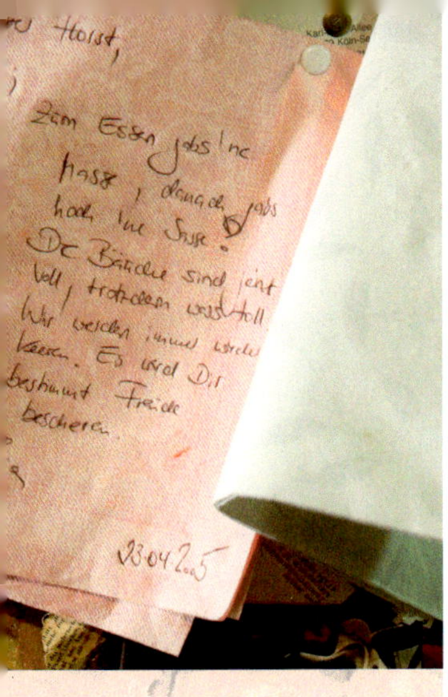

Riesengambas auf Porree

Zutaten für 4 Personen

8–12 große Gambas
Ingwerwurzel
Kräuterbutter
1 kleiner Radi
4 Stangen Porree
1 großes Baguette
Öl
Jodsalz

Die Gambas schneide ich im Rückenbereich vorsichtig – nicht zu tief – ein. Dann würze ich sie mit einem Hauch geriebenem Ingwer, Kräuterbutter und nicht zu wenig Knoblauch. Anschließend werden sie bei mittlerer Temperatur angebraten, bis sie sich zusammenrollen und zur schönen roten Farbe wechseln.

Den Radi schäle und schneide ich in feine Scheiben. Vor dem Anrichten gebe ich eine Prise Salz darauf.

Der Porree wird gewaschen, bevor ich ihn in etwa 2 bis 3 cm dicke Stückchen schneide. In einer Pfanne mit Butter lasse ich die Porreescheiben dann knapp 5 bis 7 Minuten garen.

Das Baguette schneide ich oben auf, fülle es mit Kräuterbutter und backe es knapp 5 Minuten im vorgeheizten Ofen bei 180 °C.

Seeteufel in Zwiebel-Zitronen-Sauce

Zutaten für 2 Personen

200 g Wildreis
150 g Neppzwiebeln (Schalotten)
150 g Butter
2 unbehandelte Zitronen
400 g Crème fraîche
3 Äpfel
600 g Seeteufel
Worcestersauce
Mehl
Salz

Den Wildreis gut waschen und ca. 25 Minuten in leicht gesalzenem Wasser kochen.

Für die Sauce die geschälten Zwiebelchen in etwas Butter in einer tiefen Pfanne glasig anschwitzen. Die Zitronen schälen, in kleine Stücke schneiden, dazugeben und ebenfalls anschwitzen. Crème fraîche obenauf geben und bei kleiner Hitze ca. 10 Minuten ziehen lassen.

Die Äpfel waschen, vierteln, entkernen und in Butter ca. 8 bis 10 Minuten dünsten lassen – aufpassen, dass Butter und Äpfel zusammen nicht schwarz werden!

Den Seeteufel würze ich zunächst von beiden Seiten mit Salz und Worcestersauce, bestäube ihn dann mit Mehl und brate ihn von beiden Seiten scharf an. Anschließend lege ich ihn in die Zitronensauce und lasse das Ganze im vorgeheizten Backofen bei 160 °C noch einmal gut 10 Minuten ziehen.

Dann richte ich die vorbereiteten Zwiebeln, die Äpfel und den Fisch in Zitronensauce in einer Pfanne zusammen an.

Lachssteak mit grünen Nudeln

Zutaten für 2 Personen

1 Stange Porree
Butter
10 große Wiesenchampignons
süßer Senf
Tomatenmark
Muskatnuss
½ l Sahne
1 Lollorosso-Salat
Kürbiskernöl
Sherry-Essig
Worcestersauce
1 Bd. Radieschen (mind. 10 Stk.)
Zucker
200 g grüne Bandnudeln (Tagliatelle)
2 Lachssteaks (je 200 g)
Salz, Pfeffer

Den gewaschenen und in Scheiben geschnittenen Porree brate ich zunächst in einer Pfanne mit Butter an. Dann gebe ich die französischen Wiesenchampignons dazu und würze das Gemüse nach Geschmack mit etwas süßem Senf, Tomatenmark, Salz, Pfeffer und ein wenig Muskatnuss. Als nächstes gieße ich die Sahne dazu und lasse die Flüssigkeit einreduzieren.

Der Lollorosso-Salat wird gewaschen – vorsichtig, denn die Blätter sind empfindlich. Für das Dressing mische ich Kürbiskernöl (das besonders gut mit Sherry-Essig harmonisiert) mit Sherry-Essig, süßem Senf, Worcestersauce, 10 klein geschnittenen Radieschen, Salz, Pfeffer und Zucker. Kurz vor dem Servieren unter den Salat geben.

Die grünen Bandnudeln, in Italien »Tagliatelle« genannt, schütte ich in kochendes Wasser und koche sie »al dente«, das heißt bissfest.

Die Lachssteaks brate ich mit Öl und Butter und schiebe sie dann für 10 Minuten auf der mittleren Schiebeleiste in den auf 220 °C vorgeheizten Backofen.

Zutaten für 6-8 Personen

1 große Gemüsezwiebel
2 Stangen Porree
2 Chicoree
100 g Kräuterbutter
1 Flasche Weißwein
1 Bd. frischer Dill
4–5 kg Steinbutt
Worcestersauce
600 g Wildreis
Öl
2 Becher saure Sahne
Salz, Pfeffer

Die Zwiebel, den Porree und den Chicoree säubere ich und schneide alles in grobe Streifen. Mit 40 bis 50 g Kräuterbutter dünste ich das Gemüse einige Minuten in einer sehr großen Pfanne oder einem Bräter in Öl. Die Kombination von Öl und Butter sorgt dafür, dass die Butter bei hoher Temperatur nicht schwarz wird. Mit Weißwein angießen und kurz aufkochen lassen. Dann gebe ich einige große Zweige Dill hinzu.

Steinbutt in Weißwein

Den Steinbutt schneide ich an der Rückengräte entlang auf jeder Seite längs ein, damit sich das Filet später leichter lösen lässt und würze ihn mit Salz, Pfeffer und Worcestersauce. In die Schnittstelle Kräuterbutter einstreichen. Jetzt gebe ich den Fisch auf das Gemüse, decke die Pfanne ab und lasse alles ca. 1 Stunde dünsten. In der Zwischenzeit koche ich den Reis wie gewohnt.

Nach Belieben kann man den Steinbutt mit einer Sauce aus saurer Sahne, Weißwein, gehacktem Dill, Pfeffer und Salz reichen. Einfach alles zusammenrühren und die Gewürze nach Geschmack dosieren!

Gefüllter Lachs mit Bandnudeln

Zutaten für 4 Personen

4 dicke Lachssteaks (ca. 800 g)
2–3 Eier
1 Bd. frischer Koriander
4 mittelgroße Tomaten
300 g Mozzarella
400 g Bandnudeln
Olivenöl
Salz, Pfeffer

Die Lachssteaks schneide ich seitlich auf, sodass eine Tasche entsteht. Ei mit Salz, Pfeffer und gehacktem Koriander aufschlagen und den Lachs damit von beiden Seiten bestreichen.

Tomaten und Mozzarella in nicht zu dünne Scheiben schneiden und das Lachssteak damit füllen.

Jetzt den Lachs in Olivenöl von einer Seite bei mittlerer Hitze kurz anbraten und danach im vorgeheizten Backofen bei 200 °C weitere 12 bis 15 Minuten garen lassen.

Die Nudeln koche ich, wie üblich, bissfest in Salzwasser.

»Ich frage immer: Sach ma, watt isst Du denn so richtig gern? Watt haste denn in deiner Kindheit so richtig gerne gegessen? Und davon lasse ich mich dann inspirieren.«

Lichters Beilagen

97

JDU 877E

Zutaten für 4 Personen

2 Salatgurken
Butter
Tomatenmark
süßer Senf
½ l Sahne
Thymian
Jodsalz

Das Gurkengemüse ist eine tolle Beilage zu vielerlei Fleisch oder Geflügel – würzig und saftig! Natürlich kann man die Gurken in Thymian auch ohne Beilagen genießen, dann macht man einfach etwas mehr davon.

Gurkengemüse

Die Gurken schäle ich zunächst, halbiere sie längs und schneide sie dann in knapp 2 cm dicke Scheiben, die in Butter angeschwitzt werden. Dazu gebe ich 1 TL Tomatenmark, 2 TL süßen Senf und ½ l Sahne.

Wer es nicht so sahnig mag, kann durchaus weniger nehmen! Das Ganze würze ich mit ein bisschen Salz und Thymian und lasse die Sauce dann einreduzieren.

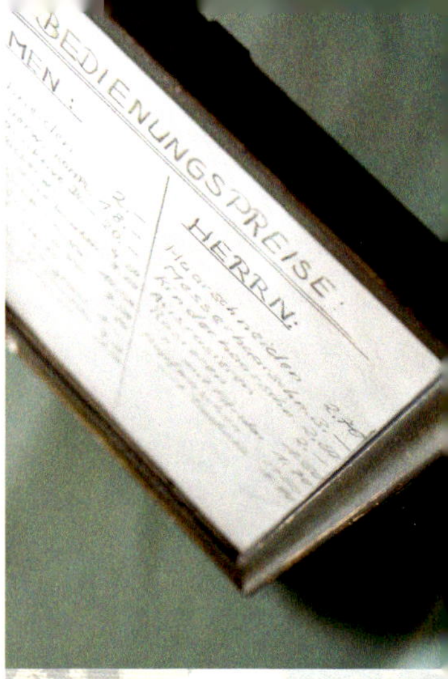

Romanesco auf Schinken, Tomaten und Käse

Zutaten für 2 Personen

2 Köpfe Romanesco
500 g Bandnudeln
100 g Butter
4 Scheiben Kochschinken
400 g Cocktail-Tomaten
4 Scheiben alter Holländer
250 g Crème-Champignons
1 Bd. Schnittlauch
400 ml Sahne
Honigsenf
Knoblauch
Salz, Pfeffer

Die Romanesco-Köpfe lasse ich in viel Salzwasser aufkochen, nehme sie vom Feuer und lasse sie ziehen, damit sie schön knackig bleiben.

Die Nudeln werden in Salzwasser gekocht und vor dem Anrichten noch einmal in Butter geschwenkt.

In einer tiefen Pfanne oder einem Bräter brate ich den Schinken kurz an. Die Cocktail-Tomaten schneide ich in kleine Scheibchen (nicht vergessen, das Grüne zu entfernen!) und lege sie dann auf den Schinken. Anschließend bedecke ich alles mit Käse und lasse das Ganze oben im vorgeheizten Ofen bei 120 °C überbacken.

Für die Sauce dünste ich die in Scheiben geschnittenen Champignons in Butter an. Dazu gebe ich fein gehackten Schnittlauch und fülle alles mit Sahne auf. Mit ein wenig Salz, Pfeffer, Honigsenf und reichlich Knoblauch nachwürzen.

Höhlengemüse – Gemüseallerlei mit Höhlenkäse

Zutaten für 4 Personen

4 große Möhren
20 kleine Zwiebeln
1 Wirsing
1 l Geflügelbrühe
400 g Blattspinat
8 Scheiben Bauchspeck
8 Scheiben Höhlenkäse
Salz

Als Erstes wird das Gemüse gewaschen und geputzt. Die Möhren schneide ich längs und dann quer in große Stücke, die Zwiebeln schäle ich wie gewohnt (Achtung: Die kleinen bringen einen genauso zum Weinen wie die großen!)

Beim Wirsing lasse ich den Strunk zunächst einmal noch dran, denn so können die Blätter nicht auseinander fallen, wenn ich sie in große Streifen schneide.

Die Zwiebeln und Möhren koche ich dann etwa 10 Minuten in der Geflügelbrühe, bevor ich den Wirsing und den geputzten Spinat dazugebe und alles noch einmal 4 bis 5 Minuten ziehen lasse.

Den Speck brate ich scharf an und gebe eine Prise Salz dazu. Das Gemüse nehme ich aus der Geflügelbrühe und bedecke es mit dem Höhlenkäse (der heißt übrigens so, weil er in Höhlen reift).

Kurz vor dem Anrichten wird das Ganze im Backofen bei 180 °C überbacken.

VOIGTLANDER

Zutaten für 4 Personen

6 Eier
200 g Mehl
½ l Milch
2 Stangen Porree
Butter
2 Tomaten
150 g Tortenbrie
Jodsalz, Pfeffer

Dieser Pfannkuchenteig ist gar nicht kompliziert und ganz schnell zuzubereiten.

Tomaten-Tortenbrie-Pfannkuchen

Ich schlage 6 Eier auf und rühre Mehl dazu, bis die Masse cremig ist. Dann gebe ich nach und nach Milch und eine Prise Salz dazu und rühre alles so lange, bis der Teig eine sämige Konsistenz hat.

Jetzt putze und wasche ich den Porree, schneide ihn in Scheiben und brate ihn in Butter an. Dann gieße ich den Teig hinzu und lasse alles zusammen anbacken. Die Tomaten schneide ich in Scheiben, den Tortenbrie in Streifen und lege alles auf die Pfannkuchen. Jetzt ab in den Backofen damit. Bei 160 °C dauert es 8 Minuten und ich kann anrichten.

Tipp: Unser Tomaten-Tortenbrie-Pfannkuchen passt hervorragend zu kurz gebratenem Fleisch und Fisch.

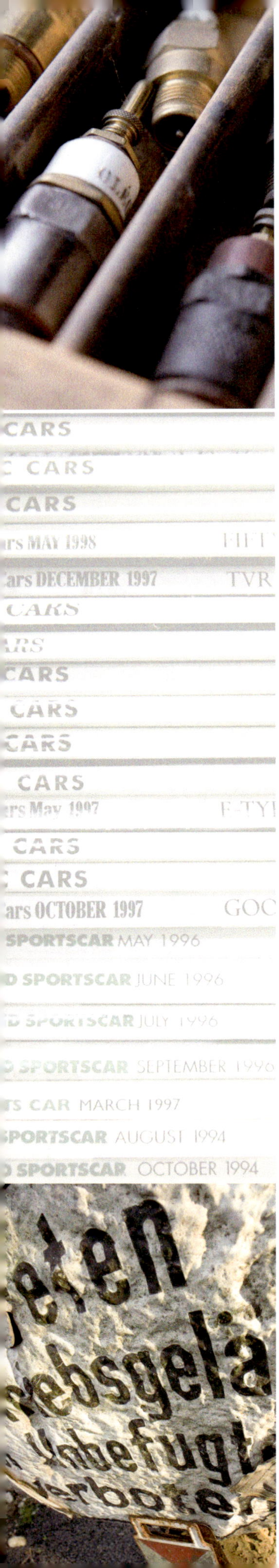

Zutaten für 8 Personen

2,5 kg mehlig kochende Kartoffeln
2 Eier
200 g Mehl
Muskatnuss
Butter
Jodsalz, Pfeffer

Lichters Echte sind eigentlich ein Geheimrezept von mir. Doch hier lüfte ich das Geheimnis – natürlich ganz exklusiv! Sie passen zu allem, was nach Kartoffeln ruft – also vor allem zu köstlichen Saucen.

Lichters Echte

1,5 kg Kartoffeln werden roh in ein Gefäß mit Wasser gerieben. Auf einem feinen Sieb abtropfen lassen, dabei das Wasser auffangen. Wenn sich die Stärke am Boden abgesetzt hat, das Wasser abgießen und die Stärke wieder mit den geriebenen Kartoffeln mischen.

1 kg geschälte Kartoffeln in Salzwasser kochen und anschließend mit der Kartoffelpresse unter die rohen Kartoffeln mischen.

Nun hebe ich Eier und Gewürze unter und forme aus der weichen Masse knapp 5 cm dicke Rollen, die ich dann in 2 cm dicke Scheiben schneide. Diese Scheiben werden in Öl angebraten und – ganz zum Schluss – mit ein wenig Butter nachgebräunt.

Vor dem Servieren sollten sie auf einem Küchentuch abtropfen.

Zutaten für 4 Personen

10 Eigelb
200 g feines Mehl
etwas Milch
10 Eiweiße
100–150 g fetter Speck
1 große Zwiebel
1 Salatgurke
3 große Champignons
50 g grüne Bohnen
3 Tomaten
2 Mozzarella

Für den Pfannkuchenteig gebe ich 10 Eigelb und 200 g feines Mehl in eine Schüssel und verrühre alles so lange mit der Milch, bis der Teig sämig ist.

Mein Tipp: Die Milch nach und nach zugeben, dann kann bei der Dosierung gar nichts schief gehen, und der Teig bekommt die richtige Konsistenz.

Lichters Herzhafter

Die 10 Eiweiße schlage ich steif und hebe sie vorsichtig unter den Teig.

Den Speck schneide ich in kleine Würfel und lasse ihn in einer Pfanne glasig braten. Die Zwiebel (in Butzheim ja auch Üllisch genannt) wird genauso wie die Salatgurke grob gewürfelt und mit den geviertelten Champignons zum Speck gegeben. Dazu werfe ich die Böhnchen, die ich vorher kurz in ein wenig Wasser knackig blanchiert habe. Das Ganze lasse ich bei hoher Hitze anrösten. Anschließend gieße ich den Teig dazu, würze mit ein wenig Salz und lasse alles kurz anbacken.

Die Tomaten und der Mozzarella werden in Scheiben geschnitten, bevor ich sie auf den Pfannkuchenteig gebe. Die Pfanne schiebe ich für knapp 8 bis 10 Minuten in den auf 220 °C vorgeheizten Backofen. Aber aufpassen, dass der Herzhafte nicht zu braun wird!

Mein Tipp: Damit der Teig nicht anbackt, wenn er zum Gemüse gegeben wird, nehme ich immer eine Teflonpfanne oder eine Pfanne, die schon gut eingebrannt ist. Sonst besteht die Gefahr, dass sich der gute Herzhafte nicht richtig aus der Pfanne löst!

DORF

Möhren-Lauch-Pfannkuchen

Zutaten für 2 Personen

3 Eier
100 g Mehl
¼ l Milch
4 große Möhren
4 Lauchzwiebeln
Öl
Salz

Für den Pfannkuchenteig verrühre ich die Eier mit Mehl und nach und nach ein wenig Milch (wer will, kann auch etwas Mineralwasser dazutun, dann wird der Pfannkuchen etwas lockerer) und schlage alles mit einem Mixer zu einem sämigen Teig.

Die Möhren und der Lauch werden geputzt und gewaschen und in feine Scheibchen geschnitten.

Beides gebe ich in eine Pfanne mit Öl und lasse das Gemüse ein wenig andünsten. Schließlich gieße ich den Teig dazu und backe alles von beiden Seiten, bis es eine schöne hellbraune Farbe angenommen hat. Ein wenig Salz zu guter Letzt kann dem Geschmack nicht schaden.

Tipp: Den Möhren-Lauch-Pfannkuchen müssen Sie unbedingt einmal zu Fisch versuchen.

»Ich habe mit Pfannkuchen angefangen und schon die habe ich so serviert, wie ich auch heute noch koche: authentisch, geschmackvoll und vor allem reichlich.«

Zutaten für 2 Personen

1 Zucchini
3 Eier
1 Bd. frischer Dill
Öl
Jodsalz, Pfeffer

Die Zucchini muss geschält und in knapp ½ cm dicke Scheiben geschnitten werden.

Zucchini in Eier-Dill

Dann gebe ich sie in die mit gehacktem Dill aufgeschlagenen Eier. In einer Pfanne mit Öl lasse ich diese Mischung bei mittlerer Hitze backen. Zum Schluss schmecke ich mit Salz und Pfeffer ab. Schneller geht's kaum!

Mein Tipp: Passt hervorragend zu Fisch.

Zutaten für 2 Personen

1 Romana-Salat
50 g Butter
½ Glas Honigsenf
2 Becher saure Sahne

Gedünsteter Salat schmeckt ganz anders als roher. Er entwickelt beim Garen – wie übrigens auch die Salatgurke in meinem Gurkengemüse – einen ganz eigenen Geschmack.

Romana-Salat gedünstet

Der Romana-Salat wird gewaschen. Dann schneide ich ihn in Streifen und dünste ihn in Butter an. Dazu gebe ich ½ Glas Honigsenf und saure Sahne. Bei kleiner Hitze lasse ich alles knapp 5 Minuten einkochen – und schon ist die Beilage fertig!

Tipp: Ich empfehle diesen gedünsteten Salat als Beilage zu Geflügel.

Lichter mal schnell und einfach

Löwensenf
1903

Zutaten für 4 Personen

300–400 g Möhren
Butter
Zucker
4 große frische und feine Bratwürste
2 große Paprika (Farbe ganz nach Vorliebe)
4 Eier
Öl
Jodsalz

An Fast-Food komme auch ich nicht vorbei. Aber mir sträuben sich dabei auch an und für sich nicht die Haare. Denn folgendes Gericht ist beispielsweise typisches Fast-Food: sehr schnell zubereitet, aber trotzdem köstlich.

Bauernbratwurst mit Zuckermöhren und Paprika-Ei

Die Möhren werden geschält, in grobe Stücke geschnitten und in Wasser oder Gemüsebrühe gekocht. Kurz vor dem Anrichten werden sie in einer Pfanne in Butter und Zucker karamellisiert.

In die Würstchen piekse ich einige Löcher, damit sie beim Braten nicht platzen.

Die gewaschene Paprika schneide ich in Streifen und brate sie mit ein wenig Öl an. Die Eier schlage ich auf, würze sie mit Salz und gebe sie auf die Paprika. Dann stelle ich die Pfanne in den vorgeheizten Backofen und lasse das Paprika-Ei bei 160 °C kurz backen. Dazu werden die gebratenen Würste serviert.

Zutaten für 4 Personen

8 dicke Scheiben Bauchspeck
Rosenpaprika
Öl oder Margarine
1 großer Broccoli
1 Wassermelone
500 g frische Erdbeeren
Jodsalz

Dieses Gericht ist entstanden wie viele meiner Kreationen: aus einer zufällig beim spontanen Einkauf sich ergebenden Kombination. Ich hatte Appetit auf Wellfleisch, erstand Broccoli und konnte an der Melone und den schönen Erdbeeren nicht vorbeigehen. Zu Hause in der Küche wurde aus allem ein Gericht. Und mal ehrlich: Wer isst nicht gerne Schokolade mit Salzstangen? Salzig und süß passt eben oft gut zusammen!

Wellfleisch mit Broccoli, Melone und Erdbeeren

Wellfleisch nennt man hier im Rheinland auch den Bauchspeck. Diesen würze ich mit Salz und Rosenpaprika und brate ihn in Öl oder Margarine (keine Butter) etwa 3 bis 5 Minuten von beiden Seiten scharf an.

In der Zwischenzeit koche ich die Broccoliröschen in Salzwasser ca. 4 bis 5 Minuten. Dann nehme ich sie vom Feuer und lasse sie »nachziehen«. Diese Garmethode kann ich nur empfehlen: Sie ist nicht nur Energie- und Herdplatz-sparend, sondern kommt auch der Knackigkeit und dem Geschmack des Gemüses zugute.

Die Melone schneide ich in große Scheiben. Die Erdbeeren gründlich waschen und die grünen Stiele entfernen.

Fleisch, Broccoli und Früchte richte ich dekorativ auf einer großen Platte an.

Dazu schmeckt am besten ein Fruchtcocktail. Ich selbst bevorzuge selbstverständlich ein frisches Bier. Aber das kann ja jeder halten, wie er will!

»Es ist unglaublich lecker, mit richtiger Butter zu kochen oder Suppen mit Ei zu binden. Das sollte man sich ab und zu gönnen.«

Zutaten für 2 Personen

2 große Gemüsezwiebeln
250 g Rindergehacktes
2 Eier
50 g fetter Speck
500 g Kartoffeln
50 g gehobelte Mandeln
30 g Butter
Salz, Pfeffer

In diesem Rezept wird eine Üllisch gefüllt. Für Nicht-Rheinländer mag das exotisch klingen, aber eine Üllisch ist eine ganz einfache Zwiebel. Die aber füllen wir eben gerne im Rheinland.

Gefüllte Gemüsezwiebel

Die Gemüsezwiebel schäle ich und schneide das obere Drittel wie einen Deckel ab. Dann wird sie mit einem Löffel ausgehöhlt – dazu fest und entschlossen in das Zwiebelfleisch stechen! Das Zwiebelfleisch wird fein gehackt und mit dem Rindergehackten, den Eiern, Salz und reichlich Pfeffer mit Hilfe einer Gabel vermengt.

Der Backofen sollte auf 220 °C vorgeheizt sein. Die Zwiebeln werden gefüllt und in eine Auflaufform gestellt, den Rest der Füllung lege ich daneben. Dann wird die Form in den Ofen geschoben, damit die Üllische 20 bis 30 Minuten braten können.

Den Speck würfeln und in der Pfanne langsam auslassen. Die rohen Kartoffeln werden in Scheiben geschnitten und zum Speck gegeben. Salz und Pfeffer dürfen natürlich nicht fehlen.

Die Mandeln kurz vor dem Anrichten in Butter anbräunen und über die fertigen Zwiebeln geben.

Gemüseeintopf

Zutaten für 4 Personen

2 große Gemüsezwiebeln
2 Stangen Porree
6–8 mittelgroße Möhren
1 Sellerieknolle
500 g durchwachsener Speck
Kartoffeln
Jodsalz, Pfeffer

Die verschiedenen Gemüse werden geputzt und in grobe Stücke geschnitten.

Dann schneide ich den Speck in kleine Würfel und lasse ihn in einem großen Bräter oder Topf anbraten.

Sobald er schön kross ist, gebe ich das zerkleinerte Gemüse mit ein paar geschälten und zerkleinerten Kartoffeln in den Bräter und fülle alles mit einem Liter Wasser auf.

Das Gemüse muss ca. 20 bis 25 Minuten köcheln. Aber nicht vergessen, mit Salz und frisch geschrotetem Pfeffer abzuschmecken.

Fertig! Einfach und köstlich.

KOHLENSÄURE
TROCKEN
FEUERLÖSCHER
BEI FEUER
Erst am Brandherd das
Ventilrad links herum
ganz aufdrehen
Feuer von unten bekämpfen
Apparat sofort wieder
füllen

Zutaten für 4 Personen

4 dicke Scheiben
durchwachsener Speck
500 g grüne Bohnen
Bohnenkraut
8 kleine, süße Birnen
Salz, Pfeffer

Hierbei handelt es sich um ein altes Rezept aus Großmutters Zeiten. Und es hat sich wirklich gelohnt, es einmal abzustauben, denn auch hier passen salzig und süß wieder hervorragend zusammen.

Birnen, Bohnen und Speck

Als Erstes lege ich die Speckscheibchen in einen mit Wasser gefüllten Bräter, sodass sie gerade mit Wasser bedeckt sind. Das Ganze lasse ich 10 Minuten kochen. Dann lege ich die geputzten Bohnen auf den Speck und würze mit ein wenig Salz, Pfeffer und Bohnenkraut. Jetzt erneut knapp 10 Minuten kochen lassen.

Die Birnen putze und befreie ich vom Kerngehäuse und lege sie auf die Bohnen. Ich lasse sie 2 bis 3 Minuten ziehen und achte dabei darauf, dass die Birnen fest und knackig bleiben. Einfach ab und an mit einer Fleischgabel anstechen, um die Bissfestigkeit zu testen.

Gefüllte Tomaten mit Reis und Radieschensalat

Zutaten für 4 Personen

8 Fleischtomaten
50 g Butter
Zucker
250 g Champignons
2–3 Zwiebeln
2 Eier
300 g Gehacktes (halb und halb)
4 Äpfel
Senf
Apfelöl (oder ein anderes aromatisches Öl)
Balsamico-Essig
100 g Reis
2 Bd. Radieschen
1 Bd. Schnittlauch
Jodsalz, Pfeffer

Zuerst schneide ich das obere Drittel der Tomaten ab und höhle sie vorsichtig mit einem Löffel aus.

Für die Füllung schneide ich das Herz der Tomaten in sehr kleine Stückchen und lasse es in Butter mit einer leichten Schicht Zucker karamellisieren (Achtung: erst die Butter, dann der Zucker). Dann werden die Champignons und eine Zwiebel klein gehackt und zu den karamellisierten Tomaten gegeben. Ich würze alles mit ein wenig Salz und Pfeffer und vermenge es mit 2 Eiern und dem Gehackten. Die Mischung wird kurz in Öl angebraten und in die ausgehöhlten Tomaten gefüllt.

Die Äpfel schneide ich in 1 cm dicke Scheiben und lasse sie in Butter mit Zucker karamellisieren. Anschließend gebe ich erst die Apfelscheiben, dann die Deckel auf die gefüllten Tomaten und lasse sie auf der mittleren Schiebeleiste knapp 10 Minuten bei 180 °C im Backofen garen.

Für das Salatdressing vermische ich 1 TL Senf, 2 TL Öl, eine fein gehackte Zwiebel, Essig, Jodsalz, Pfeffer und Zucker. Die gewaschenen Radieschen schneide ich in Scheiben und bade sie dann im Dressing.

Den Reis wie gewohnt in leicht gesalzenem Wasser kochen.

Zutaten für 2-4 Personen

4 große Kartoffeln
2 Tomaten
8 Champignons
Butter
1 Becher Crème fraîche
1 Pk. Kresse
1 Bd. Schnittlauch
2 Eigelbe

Die Kartoffeln werden mit der Schale gekocht. Danach schneide ich oben ein Deckelchen ab, von dem ich die Haut abziehe. Anschließend höhle ich die Kartoffeln mit einem Löffel aus.

Gefüllte Kartoffeln

Tomaten und Champignons schneide ich in kleine Stücke und erhitze sie vorsichtig in einer Pfanne mit ein wenig Butter. Mit Crème fraîche, Kresse, fein geschnittenem Schnittlauch und dem Kartoffelfleisch wird das Gemüse anschließend kräftig durchgemischt. Zum Schluss gebe ich das Eigelb dazu.

Die ausgehöhlten Kartoffeln fülle ich mit dieser Mischung, setze sie auf ein Blech, um sie dann knapp 5 Minuten im vorgeheizten Ofen bei 160 °C zu überbacken.

Eine köstliche Beilage zu allen deftigen Fleischgerichten.

ltbewährt

Zutaten für 4 Personen

500 g Möhren
½ l Gemüsefond
7 dicke Kartoffeln
4 dicke Scheiben Kasseler
Crème fraîche
1 Pk. frische Kresse
Öl
Jodsalz, Pfeffer

Hiermit stelle ich eines meiner Lieblingsgerichte in der Kategorie »schnell und schmackhaft« vor.

Kasseler mit Möhren im Gemüsefond

Die Möhren werden geschält, in den Gemüsefond (nicht geschnitten, sondern ganz!) gegeben und bei kleiner Hitze gar geköchelt.

Die Kartoffeln schäle ich, schneide sie in große Scheiben und brate diese dann in Öl an. Pfeffer und Salz nicht vergessen.

Dann brate ich das Kasseler mit Öl von beiden Seiten an. Schließlich gebe ich noch einen – oder zwei – Klacks Crème fraîche dazu und streue die geschnittene Kresse darüber. Die Möhren werden so wie sie sind zu Kartoffeln und Kasseler angerichtet.

RALLYE MONTAFON
SILVRETTA CLASSIC

Zutaten für 2 Personen

1 Sellerieknolle
4 Möhren
150 g Champignons
4 Tomaten
2 Bauernbrötchen
(Roggen oder Mehrkorn)
Kräuterbutter
100 g Quark
Öl

Laut Statistik leben Singles oft nicht gesund. Für sie engagiere ich mich gerne: mit meinem vegetarischen Single-Burger. Lecker, gesund und schnell – wie es der Single liebt.

Single-Burger – oder vegetarischer Lichter Burger

Zuerst schäle ich den Sellerie und schneide ihn in dicke Scheiben. Diese bräune ich dann in einer Pfanne von beiden Seiten leicht an. Das Gleiche passiert den Möhren – also schälen, in Scheiben schneiden und in der Pfanne anbraten. Bitte dabei keine Butter verwenden, denn die lässt die Möhren ganz schnell schwarz werden. Champignons und Tomaten scheide ich in hauchdünne Scheiben, damit mein Burger später nicht unhandlich wird.

Das Bauernbrötchen schneide ich auf, höhle es aus und bestreiche beide Hälften mit Kräuterbutter. Sellerie und Möhren lege ich ins Brötchen, Champignons und Tomaten kommen oben drauf. Statt Mayonnaise – denn der Single ist laut Statistik gefährdet, wegen zuviel Stress Herz-Kreislauf-Erkrankungen zu bekommen – gebe ich Quark dazu.

Zu guter Letzt wird der Burger, wie jeder andere auch, mit der zweiten Brötchenhälfte gedeckelt.

»Ein Dessert, das Kalorien ohne Ende hat, macht einfach glücklich.«

Lichters Desserts

Kaffeetraum »Nach Belieben«

Zutaten für 2 Personen

Obst nach Belieben z. B.
1 Birne
1 Apfel
1 Banane
1 Pfirsich
2 Pflaumen
Vanilleeis, so viel man essen will und kann
1 TL löslicher Kaffee
1 doppelter Espresso
150 g Butter
2 TL Kakaopulver
20 g zerstoßener Kandiszucker
500 g Erdbeeren (oder andere Beerenfrüchte)
0,2 cl Calvados

In einer tiefen Pfanne werden bei kleiner Hitze 75 g Butter aufgeschlagen. Löslichen Kaffee dazugeben und aufkochen lassen, dann mit Espresso auffüllen. Jetzt gebe ich das entkernte und geschälte Obst, in große Stücke geschnitten, in den Kaffeesud und lasse es ziehen.

Das im Kaffee gekochte, warme Obst richte ich mit Eis an.

Meine Empfehlung: Je nach Jahreszeit bereichere ich das fruchtige Dessert noch um eine Sauce aus Erdbeeren oder anderen Beerenfrüchten (Blaubeeren geben eine wunderschöne Farbe!). Dazu werden in einer tiefen Pfanne etwa 75 g Butter bei kleiner Hitze mit dem Schneebesen schaumig gerührt. Den Kakao und den Kandiszucker vorsichtig unterrühren. Dann gebe ich die geputzten, in kleine Stücke geschnittenen Beeren dazu. Gut aufkochen lassen, bis die Früchte sämig werden. Vorsicht, nicht aus den Augen lassen, denn die Mischung brennt schnell an. Kurz vor dem Anrichten 0,2 cl Calvados dazugeben und kurz unterrühren.

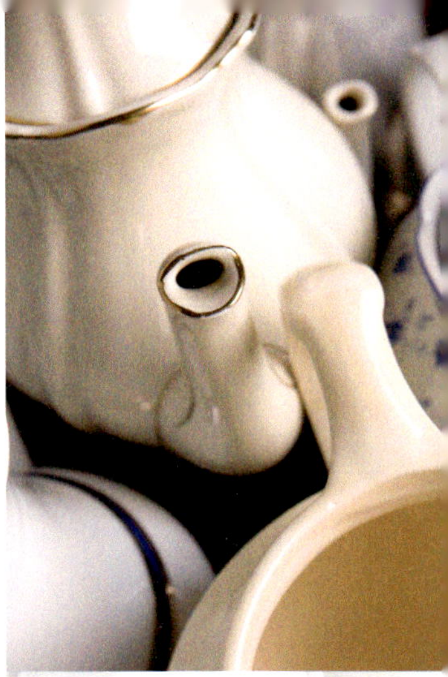

Zutaten für 4 Personen

1 Äpfel
2 Kiwi
1 Banane
ca. 100 g Blaubeeren
1 Ananas
1 Melone
1 Orange
50 g Butter
50 g Kandiszucker
Creme-Whisky
3 Eier
200 g Mehl
H-Milch
Eis nach Belieben

Das gewaschene Obst wird in grobe Stücke geschnitten. Nicht vergessen, von jeder Sorte eine schöne Scheibe zum Dekorieren beiseite zu legen!

Orientpfanne

Zum Karamellisieren wird das Obst in einer Pfanne mit Butter und fein zerstoßenem Kandiszucker kurz angebraten. Danach gebe ich einen guten Schuss Creme-Whisky darüber.

Für den Pfannkuchenteig schlage ich die Eier im Mehl auf und gebe nach und nach Milch dazu, bis der Teig cremig ist. Dieser Teig wird dann in Öl ausgebacken. Die Pfannkuchen werden anschließend in Viertel geschnitten.

Die Früchte gebe ich auf den Pfannkuchen, serviere alles mit viel Eis und dekoriere mit den zur Seite gelegten Obstscheiben.

Zutaten für 4 Personen

3 Biskuitböden
(einfach beim Bäcker kaufen)
6 Bananen
2 Vanilleschoten
50 g Puderzucker
Baileys-Likör
ca. 200 g Blockschokolade
200 ml Sahne
400 g Vanilleeis
Eierlikör
100 g Walnusskerne
löslicher Kaffee
Für die Dekoration schöne
Beerensorten

Für diese köstliche Torte püriere ich die geschälten Bananen in einer tiefen Rührschüssel mit dem Mark der Vanilleschote, 0,1 cl Baileys-Likör und 1 EL löslichen Kaffee mit dem Zauberstab zu einer dicken Creme.

Bananentorte

Nun den ersten der drei Biskuitböden auf einen flachen Teller legen und mit der Hälfte der Creme bestreichen, den zweiten Boden darauf setzen und den Rest der Creme wieder verteilen. Jetzt den letzten Boden auflegen.

Die Blockschokolade im Wasserbad flüssig werden lassen und mit der Sahne glatt rühren und die Torte mit der Schokoladenmasse einstreichen. Kalt stellen!

Zum Anrichten werden die Teller mit Puderzucker bestreut, dann wird je ein Tortenstück darauf gesetzt. Jetzt einen Schuss Eierlikör hinzugeben und ein Eisbällchen darin schwimmen lassen. Mit Beeren dekorieren.

Index

Unter **www.nicolai-verlag.de**
können Sie unseren Newsletter abonnieren, der Sie über das Programm und aktuelle Neuerscheinungen des Nicolai Verlags informiert.

---

3. Auflage 2008

REDAKTION:
Birgit Gropp, Münster

FOTOS:
John M. John, Düsseldorf

LAYOUT UND UMSCHLAGGESTALTUNG:
Jo.Seibt Kommunikationsdesign, Leverkusen

BILDBEARBEITUNG:
PPP, Köln

DRUCK UND BINDUNG:
CS-Druck CornelsenStürtz GmbH & Co. KG

Printed in Germany
ISBN 978-3-89479-497-2